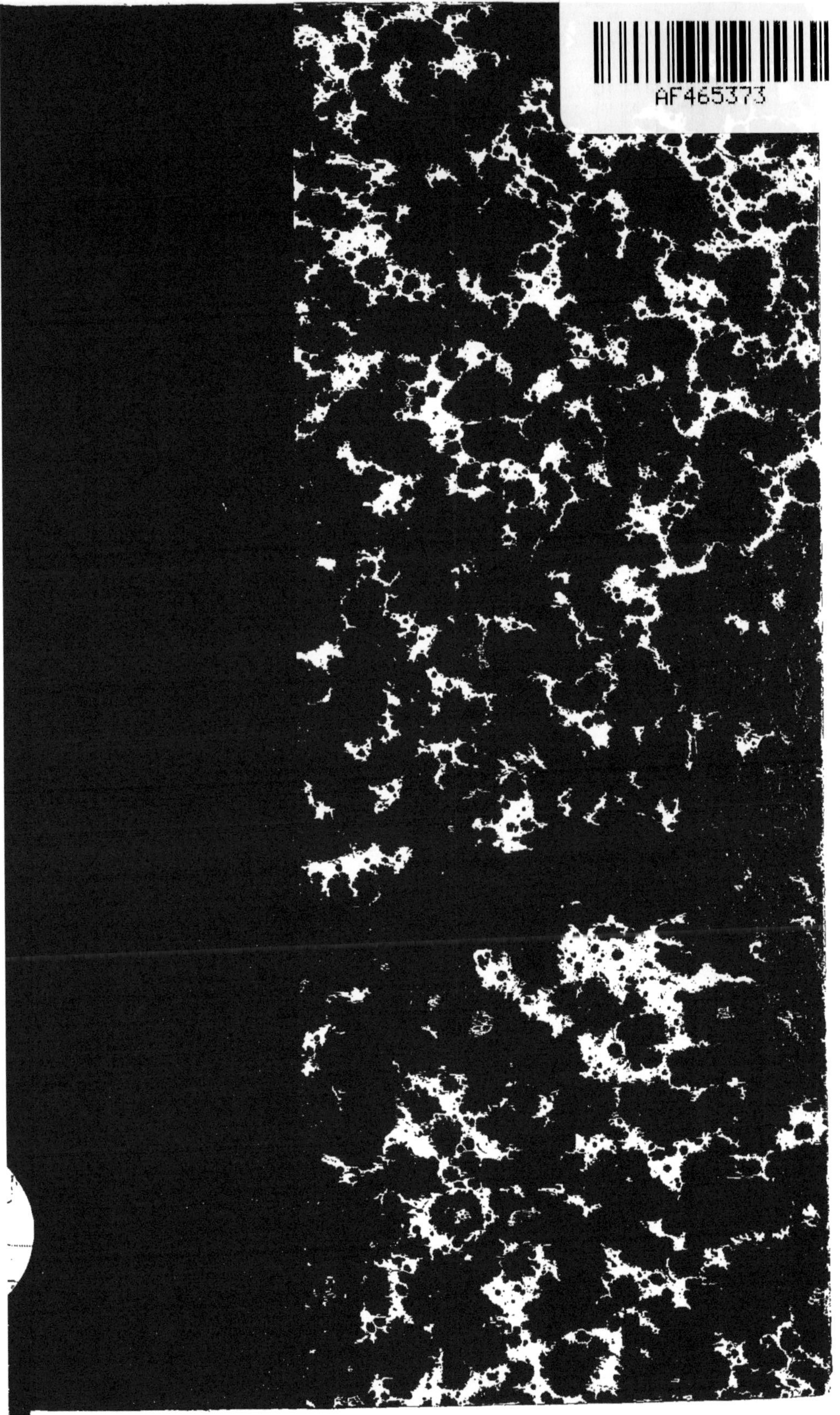

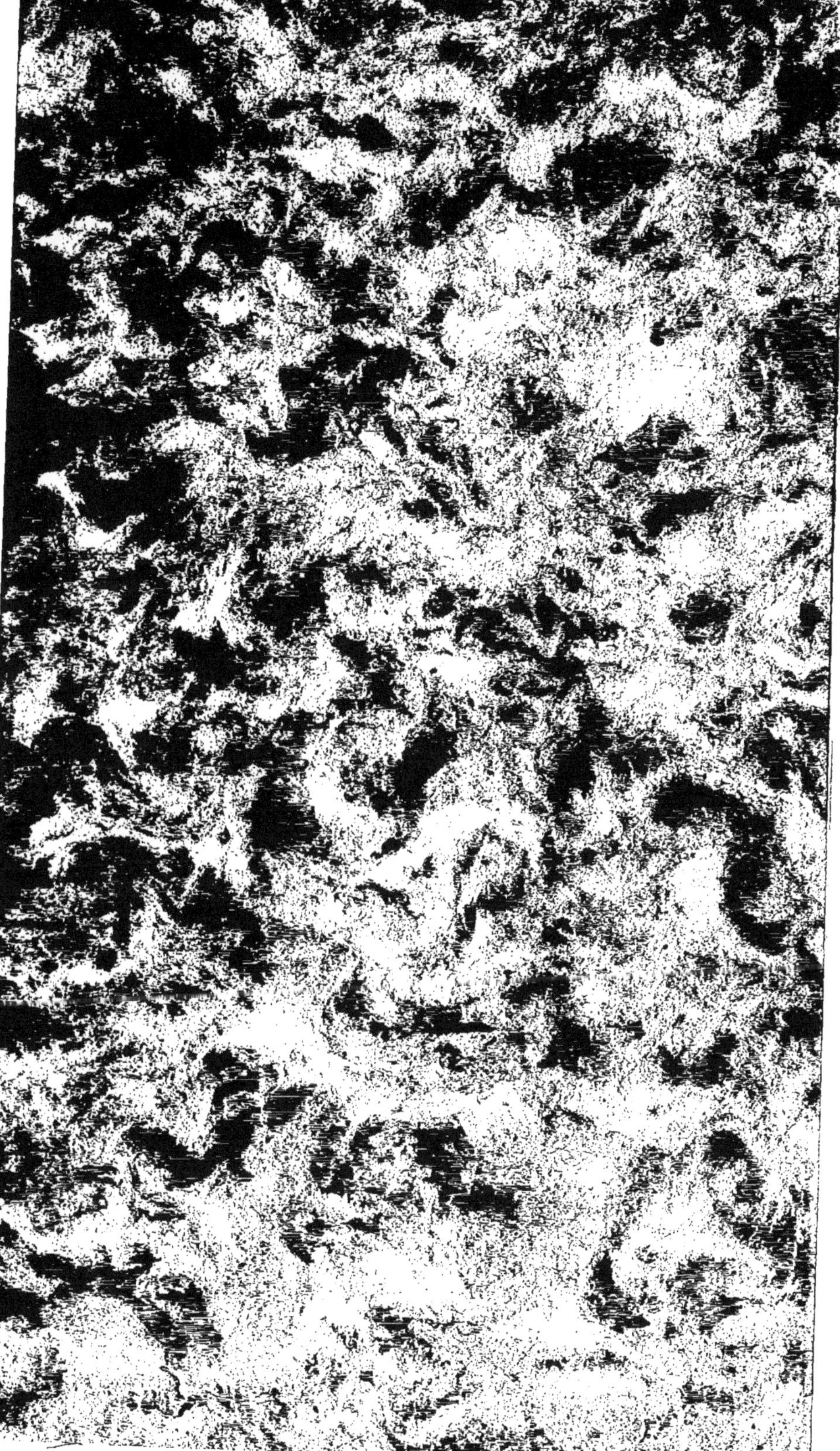

CURTY 1988

MEXIQUE

OU

LES FRANÇAIS A MEXICO

Par E. DUBOIS

ROUEN

MEGARD ET Cie, LIBRAIRES-ÉDITEURS

BIBLIOTHÈQUE MORALE

DE

LA JEUNESSE

PUBLIÉE

AVEC APPROBATION

MÉCARD & Cie. ÉD — Lith. BENDERITTER

LE MEXIQUE.

REDDITION DE PUEBLA.

LE

MEXIQUE

OU

LES FRANÇAIS A MEXICO

Par E. DUBOIS

ROUEN
MEGARD ET Ce, LIBRAIRES-ÉDITEURS
1864

Les Ouvrages composant la **Bibliothèque morale de la Jeunesse** ont été revus et **ADMIS** par un Comité d'Ecclésiastiques nommé par MONSEIGNEUR L'ARCHEVÊQUE DE ROUEN.

—

L'Ouvrage ayant pour titre : **Le Mexique,** a été lu et admis.

Le Président du Comité,

Picard
Archip. de la Métrop.

Avis des Éditeurs.

Les Éditeurs de la **Bibliothèque morale de la Jeunesse** ont pris tout à fait au sérieux le titre qu'ils ont choisi pour le donner à cette collection de bons livres. Ils regardent comme une obligation rigoureuse de ne rien négliger pour le justifier dans toute sa signification et toute son étendue.

Aucun livre ne sortira de leurs presses, pour entrer dans cette collection, qu'il n'ait été au préalable lu et examiné attentivement, non-seulement par les Éditeurs, mais encore par les personnes les plus compétentes et les plus éclairées. Pour cet examen, ils auront recours particulièrement à des Ecclésiastiques. C'est à eux, avant tout, qu'est confiée le salut de l'Enfance, et, plus que qui que ce soit, ils sont capables de découvrir ce qui, le moins du monde, pourrait offrir quelque danger dans les publications destinées spécialement à la Jeunesse chrétienne.

Aussi tous les Ouvrages composant la **Bibliothèque morale de la Jeunesse** sont-ils revus et approuvés par un Comité d'Ecclésiastiques nommé à cet effet par Monseigneur l'Archevêque de Rouen. C'est assez dire que les écoles et les familles chrétiennes trouveront dans notre collection toutes les garanties désirables, et que nous ferons tout pour justifier et accroître la confiance dont elle est déjà l'objet.

LE MEXIQUE.

CHAPITRE I.

LES AZTÈQUES.

Dans les régions méridionales de l'Amérique du Nord est une vaste contrée bornée par les Californies, la mer Pacifique, la baie de Honduras, le golfe du Mexique, et par de grands déserts. Son étendue n'est pas moins que de 120,000 lieues carrées. C'est le *Mexique*, vers lequel est fixée en ce moment l'attention générale, vu les graves événements qui s'y accomplissent. Aussi cette contrée lointaine semble-t-elle s'être rapprochée de nous par la pensée. Elle excite l'intérêt, la curiosité ; c'est pourquoi nous allons essayer d'esquisser son origine et les diverses révolutions qui l'ont agitée et l'agitent encore.

Le Mexique, placé dans la zone torride et dans la zone tempérée du Nord, offre, sous le rapport du climat et de la culture, trois grandes divisions : la *terre chaude:* la nature y est exubérante ; la *terre tempérée :* sa température en fait une région privilégiée qu'on pourrait appeler un paradis terrestre ; la *terre froide.* Malgré ce nom, le climat y est doux. Il résulte de cette constitution physique du Mexique que son sol réunit les cultures et les températures les plus variées. Le voyageur qui le parcourt passe rapidement d'un climat à un autre, et assiste à des contrastes pittoresques et merveilleux. Il trouve d'abord les productions de l'Europe, puis arrive successivement à cette variété de plantes et de fruits qui ne croissent que sous un soleil ardent.

Mais si la surface du Mexique est riche et offre à l'agriculture une carrière variée, les entrailles de la terre y recèlent des trésors non moins précieux. Les mines d'argent y abondent ; il s'y trouve quelques mines d'or. Pendant longtemps la Providence sembla vouloir protéger les richesses cachées de cette terre enchantée, en suscitant, dans ses parages, des ouragans terribles qui devaient éloigner de ses rivages les voyageurs les plus avides et les plus audacieux. Mais le génie d'hommes entreprenants a surmonté tous les obstacles qui les empêchaient d'arriver à cette contrée privilégiée.

Plusieurs peuples dont l'histoire est presque inconnue avaient habité successivement l'immense contrée mexicaine et s'en partageaient encore la possession, lorsque parut la tribu des *Aztèques.* Partis vers l'an 1000 de la mystérieuse cité d'Aztlan, située au nord-ouest de la

Californie, les Aztèques avaient erré pendant près de trois siècles, cherchant une autre patrie. Ils avaient occupé tour à tour diverses parties de la vallée du Mexique, exposés à tous les hasards et à toutes les misères de la vie nomade. Ils firent enfin halte en 1325 sur les bords d'un grand lac et y déployèrent leurs tentes, près des frontières de l'Anahuac, qu'habitaient les Tezcucans. C'est là qu'un jour ils virent perché sur un nopal un aigle royal d'une grandeur et d'une beauté extraordinaires. Cet aigle tenait un serpent dans ses serres, et ses grandes ailes étaient déployées vers le soleil levant. Les Aztèques saluèrent cette apparition comme un heureux augure; car, d'après un oracle, elle leur indiquait la place d'une nouvelle ville, dont ils jetèrent tout de suite les fondements sur des digues, puis ils comblèrent les marécages et élevèrent de fragiles habitations de joncs et de roseaux. Ils demandèrent leur existence à la pêche, à la chasse des oiseaux sauvages et à la culture de leurs jardins flottants. La nouvelle cité, nommée *Tenochtitlan*, en témoignage de son origine miraculeuse, n'est connue des Européens que sous le nom de Mexico, dérivé de *Mexitli*, qui veut dire dieu de la guerre. La légende de sa fondation est encore rappelée de nos jours par la devise de l'aigle et du cactus qui composent les armes de la moderne république du Mexique. Tels furent les humbles commencements de la Venise du monde occidental.

Près de cent ans après cette fondation, au commencement du xve siècle, les Aztèques s'allièrent aux Tezcucans pour soumettre plusieurs petits royaumes voisins. Ils leur imposèrent un traité qui permit aux Aztèques de franchir les limites dans lesquelles ils étaient resserrés, et bientôt ils les étendirent jusqu'au bord du golfe du Mexique. Alors leur capitale se transforma ; ses frêles habitations firent place à de solides constructions, et la population s'accrut considérablement. La forme de leur gouvernement fut une monarchie élective, mais absolue. Les princes aztèques eurent le titre de roi, puis ils prirent celui d'empereur, probablement à cause de la suprématie qu'ils avaient usurpée sur les monarchies alliées de Tlacopan et de Tezcuco. Ils durent aussi cette suprématie à ce que le trône des Aztèques fut heureusement occupé par une succession de princes habiles qui surent mettre à profit les ressources nouvelles et l'enthousiasme martial de la nation. Chaque année, on voyait revenir ces princes chargés de dépouilles prises sur les villes conquises, et suivis de troupeaux et d'esclaves. Aucun État ne pouvait leur résister ; aussi la domination aztèque s'étendait-elle promptement et considérablement.

La civilisation des races aztèque et tezcucane était bien plus avancée que celle des tribus errantes de l'Amérique du Nord. Le code civil et militaire de ces deux peuples attestait un profond respect pour la morale ; mais il était empreint d'une sévérité féroce qui, pour réformer le mal, comptait plus sur les moyens physiques que sur les moyens moraux. L'éducation des Aztèques était toute dirigée vers la profession des armes ; le soldat jouissait de la plus haute considération ; le roi devait être un guerrier expérimenté. La Divinité protectrice des Aztèques était le dieu de la guerre. Un des grands buts de leurs expéditions était de rassembler pour ses autels des hécatombes de captifs. Le soldat tombé sur le champ de bataille était, disait-on, immédiatement transporté dans les régions de l'ineffable bonheur, dans les brillantes demeures du soleil. Toutes les guerres devenaient donc une croisade, et le guerrier mexicain, animé par un enthousiasme religieux, apprenait non-seulement à mépriser le danger, mais encore à voler à sa rencontre pour gagner la couronne du martyre. L'histoire des Aztèques offre des traits frappants de ressemblance avec celle des anciens Romains.

La religion des Aztèques était un mélange étonnant de douceur et de férocité. Les Aztèques reconnaissaient l'existence d'un créateur suprême, maître de l'univers. Ils l'appelaient dans leurs prières : « Le Dieu qui donne la vie ; présent partout, il connaît toutes les pensées et dispense tous les biens ; sans lui, l'homme n'est rien. Dieu invisible, seul Dieu, d'une perfection parfaite. Sous ses ailes, l'homme trouve le repos et un sûr abri. » Mais quoiqu'ils reconnussent ces sublimes attributions dans celui qu'ils adoraient, leur intelligence n'était pas assez vaste pour comprendre un Dieu unique dont la volonté se confond avec l'action, sans avoir besoin de ministres subalternes pour exécuter ses desseins. Aussi admettaient-ils une pluralité de dieux chargés de présider aux éléments, aux saisons, aux destinées de l'humanité. On comptait treize divinités supérieures et plus de deux cents divinités inférieures. Chacune d'elles avait son jour réservé et sa fête, qu'on célébrait par des sacrifices humains. A la tête de ces dieux apparaissait le terrible *Huitzilopotchli*, le dieu Mars mexicain. On chargeait son image d'ornements précieux ; ses temples étaient les plus imposants des édifices publics, et dans toutes villes de l'empire, sur ses autels ruisselait le sang des victimes humaines. A la mort d'un Aztèque, son corps était revêtu des vêtements particuliers à sa divinité protectrice. On le couvrait de morceaux de papiers remplis d'hiéroglyphes, talismans contre les périls du voyage. S'il était riche, pendant les obsèques, on sacrifiait une foule d'esclaves; puis on brûlait son corps, et l'on recueillait dans un vase ses cendres, que l'on conservait dans les appartements de sa maison.

Au milieu de ces usages bizarres et cruels, on s'étonne de retrouver chez les Aztèques presque tout le cérémonial du baptême chrétien, ainsi que la confession et l'absolution. Seulement on ne pouvait se confesser qu'une fois dans sa vie, parce que la rechute dans une faute dont on avait obtenu le pardon ne pouvait s'expier; aussi attendait-on ordinairement la vieillesse pour se confesser, afin de recevoir un pardon général. De plus, le prêtre, après avoir enjoint au pénitent de soulager les pauvres, alors même que cette aumône devait lui imposer des privations, il lui ordonnait de sacrifier aux dieux au moins un esclave. Cet étrange assemblage de charité vraiment digne du christianisme et d'abominations païennes dans la liturgie aztèque, indique clairement qu'elle a eu deux sources différentes, puisées chez des peuples dont les mœurs étaient opposées et qui cependant se sont confondus.

Le sacerdoce avait beaucoup d'influence. A sa tête étaient deux grands prêtres qui ne cédaient le pas qu'au roi ; et encore celui-ci agissait-il rarement sans prendre leur avis dans les affaires importantes. Ces hauts dignitaires de l'ordre se réservaient le droit d'offrir les sacrifices humains. Tous les simples prêtres, auxquels il était permis de se marier, habitaient dans la vaste enceinte des temples, au moins pendant l'exercice de leurs fonctions ;

leur famille devait en être exclue. Dans cette résidence monastique, leur vie était astreinte à la plus rigide discipline ; trois fois le jour et une fois dans la nuit, on les appelait à la prière. Leurs ablutions et leurs veilles étaient fréquentes ; ils se mortifiaient par le jeûne et par des pénitences ; ils se flagellaient jusqu'à ce que le sang ruisselât de leurs corps. En un mot, ils se livraient à toutes les austérités pratiquées dans tous les âges du monde par les fidèles serviteurs du vrai Dieu ; et plusieurs prières composées par les prêtres aztèques avaient le caractère de la morale chrétienne. Les prêtres avaient la garde des peintures hiéroglyphiques et des traditions orales ; ils étaient chargés de l'éducation de la jeunesse. Les jeunes garçons étaient soumis à la discipline monastique et étaient initiés à toutes les sciences connues des prêtres. Les jeunes filles étaient confiées aux soins des prêtresses ; car les femmes exerçaient aussi les fonctions du sacerdoce, à l'exception du sacrifice. Elles apprenaient surtout aux jeunes filles à tisser et à broder de riches étoffes destinées à couvrir les autels des dieux. La morale était surveillée avec soin ; les fautes étaient punies sévèrement, quelquefois même par la mort. Aussi peut-on dire que chez les Aztèques la terreur, plus que l'amour, présidait à l'éducation.

CHAPITRE II.

MONTÉZUMA II.

Deux siècles après sa fondation, Mexico-Tenochtitlan était devenu par sa puissance et sa richesse la Rome du continent occidental. Cette ville, située au milieu d'un lac salé et éloignée de la terre ferme de deux lieues, n'était accessible que par des digues; des canaux la traversaient dans plusieurs sens. La vallée mexicaine, circulairement entourée de montagnes très-élevées et de précipices, semblait destinée par la nature à être préservée de toute invasion. Mexico, capitale des Aztèques et résidence des empereurs, renfermait plus de soixante mille maisons. Ville sacerdotale autant que guerrière, elle possédait dans son enceinte, outre le temple principal, consacré au dieu de la guerre, soixante-dix-huit sanctuaires et plus de quatre cents édifices érigés en l'honneur de ses innombrables divinités.

La magnificence orientale des Salomon et des Assuérus eût pâli à la clarté des splendeurs qui entouraient le prince de l'Anahuac. Sa résidence habituelle était un assemblage d'édifices régulièrement bâtis. Une suite d'immenses terrasses où trente cavaliers pouvaient jouter ensemble, formaient le toit de ce palais. A l'intérieur, dans les appartements, étaient prodigués, sous toutes les formes, le marbre, le porphyre et l'albâtre. On y voyait des centaines de salons parfumés, où trois mille personnes, pages, gentilshommes, gardes d'honneur, allaient et venaient; des bains où circulaient les mille femmes du sérail; des salles d'armes où s'exerçaient les jeunes seigneurs de la cour. Le château d'été du souverain offrait encore de plus grandes merveilles : c'étaient des volières immenses, destinées à élever des oiseaux dont les plumes servaient à la composition des tableaux ou des mosaïques sur les étoffes; des ménageries peuplées de quadrupèdes, de reptiles et de poissons; des jardins où l'on cultivait des arbustes odoriférants et toutes les familles des végétaux. Enfin, une fantaisie impériale avait créé un musée vivant de toutes difformités mexicaines. Ainsi, nains, bossus, borgnes, etc., s'y trouvaient tous réunis.

L'orgueil et le despotisme des empereurs égalaient leurs magnificences; ils ne sortaient de leur palais que dans un baldaquin porté sur les épaules de quatre seigneurs de l'empire. Toutes les personnes qui se trouvaient sur leur passage s'arrêtaient et fermaient les yeux, comme si elles eussent craint d'être éblouies par les splendeurs de sa majesté. Les grands feudataires de la couronne étaient tenus de passer une année à la cour et d'y laisser, quand ils retournaient dans leurs États, quelques-uns de leurs parents en otage. Le faste et l'autorité dont étaient entourés les souverains aztèques ne leur faisaient point oublier la gloire. Tous ceux qui se sont succédé sur le trône ont travaillé, par des moyens plus ou moins justes ou barbares, à accroître et à affermir la puissance mexicaine. Elle avait atteint son apogée, lorsque parvint au trône, en 1502, Montézuma II.

Montézuma, neveu du dernier roi, fut élu de préférence à ses frères, qu'il surpassait en talents comme soldat et comme prêtre, titres et fonctions souvent réunis par les prétendants au trône mexicain. Après avoir pris, dans sa jeunesse, une part active aux guerres de l'empire, Montézuma s'était ensuite consacré tout entier au sacerdoce et à l'accomplissement des cérémonies du culte aztèque. Grave et réservé dans ses manières, parlant peu, toute sa conduite était calculée pour donner une haute idée de la sainteté de ses mœurs, et pour justifier son nom, qui signifie en mexicain un homme triste ou sévère. Lorsqu'on apporta à Montézuma la nouvelle de son élection au trône, il affecta d'éprouver d'humbles sentiments de lui-même; il s'écria qu'il était trop faible pour soutenir un si lourd fardeau. Néanmoins il accepta la couronne, qu'il ne pressentait pas devoir lui être arrachée à une époque peu éloignée.

A peine sur le trône, Montézuma II déploya toute l'énergie et toute l'activité qu'on attendait de lui. Sa première expédition, dirigée contre une province rebelle, fut couronnée d'un plein succès. Il en revint triomphant, traînant à sa suite une foule de captifs destinés aux sacrifices sanglants qui devaient avoir lieu pour son couronnement. Les cérémonies en furent célébrées avec une pompe extraordinaire. Les jeux et les fêtes religieuses durèrent plusieurs jours. Pendant les premières années de son règne, Montézuma fut constamment en guerre avec les peuples voisins. Ses expéditions, généralement heureuses, étendirent beaucoup les limites de l'empire.

Montézuma ne négligeait point pour cela le gouvernement intérieur de ses États. Il introduisit de grands changements dans l'organisation des cours de justice et fit exécuter les lois avec la dernière rigueur. Il parcourait souvent, déguisé, les rues de sa capitale, pour juger par lui-même des abus qui pouvaient exister. On dit qu'il mettait souvent l'intégrité des juges à l'épreuve en leur faisant offrir indirectement de grands présents. Le juge qui faiblissait avait un compte terrible à rendre. Montézuma récompensait généreusement tous les services; sa munificence n'éclatait pas moins dans les travaux d'utilité publique, dans la construction de nouveaux temples, ou l'embellissement des anciens. De grands aqueducs amenèrent l'eau, jusqu'alors trop rare, dans la capitale. Un vaste hôpital ou asile pour les soldats malades fut fondé par ses soins.

A côté de ces actes si dignes d'un grand prince, il faut malheureusement en citer de bien opposés. L'humilité qu'il affectait avant son élection avait bientôt fait place à une insupportable arrogance. Dans ses maisons de plaisance, dans ses palais, il déployait un luxe qui surpassait celui de tous ses prédécesseurs. Lorsqu'il daignait se montrer au peuple, il en exigeait les plus serviles hommages. Toutes les fonctions de son palais étaient remplies par des personnes de distinction. Il avait renvoyé de son service tous les plébéiens et même les soldats qui s'étaient distingués à la guerre, parce que, disait-il, le contact de gens de basse naissance était injurieux pour la royauté. Ce fut en vain que ses plus vieux et plus sages conseillers lui représentèrent tout ce qu'une pareille conduite avait d'impolitique.

En même temps qu'il indisposait ses sujets par la hauteur de son caractère, il s'aliénait encore plus leur affection par de nouvelles taxes, suite nécessaire des prodigalités de la cour. Ces taxes pesaient surtout sur les villes conquises, où elles excitaient de fréquentes révoltes. Aussi son règne offre-t-il le spectacle de guerres incessantes. Les forces de la moitié de l'empire étaient occupées à comprimer l'autre moitié. Les intérêts n'étaient pas moins différents que les sympathies secrètes. Aussi l'empire aztèque s'affaiblissait-il en s'agrandissant : c'était un vaste édifice, hors de toutes proportions, dont les matériaux s'affaissaient sous leur propre poids et étaient prêts à s'écrouler au souffle de la tempête.

En 1516, la mort du roi de Tezcuco priva Montézuma de son plus sage conseiller. Ses deux fils, Cacama et Ixtlilxochitl, se disputèrent son héritage. Montézuma appuya le premier. La guerre civile s'alluma et finit par un partage; la moitié du royaume et la capitale restèrent à Cacama; les provinces du Nord appartinrent à Ixtlilxochitl, qui fut, à compter de ce jour, l'ennemi mortel de Montézuma. Ce prince avait un ennemi plus redoutable encore dans la petite république de Tlascala, située à quelque distance de la vallée mexicaine et de la côte. Depuis deux siècles, Tlascala avait toujours maintenu son indépendance contre toutes les forces aztèques. Décidée à la défendre jusqu'à la dernière extrémité, elle épiait l'occasion de pouvoir, à son tour, attaquer ses voisins. Cette occasion devait bientôt se présenter.

L'empereur aztèque, malgré toute sa puissance, était poursuivi par de tristes pressentiments. D'après des traditions populaires, il avait existé dans les temps les plus reculés une divinité bienfaisante nommée *Quetzalcoatl*, au teint blanc, à la barbe flottante, bien différente en tout de la race indienne. Cette divinité, après avoir rempli sa mission de paix parmi les Aztèques, s'était embarquée sur l'Atlantique pour les mystérieux rivages de Tlapallan ; mais elle avait promis de revenir un jour avec sa postérité, pour reprendre possession de son empire. Ce jour était attendu des Aztèques avec espérance ou avec crainte, selon les intérêts divers ; mais personne dans tout le vaste territoire de l'Anahuac ne doutait de l'accomplissement de la prédiction. Sous le règne de Montézuma, on croyait généralement que l'époque du retour de la bonne divinité était proche. Plusieurs événements réputés surnaturels semblaient annoncer un grand événement. En 1510, les eaux du grand lac de Tezcuco s'agitèrent sans cause apparente; elles franchirent leurs bords, inondèrent Mexico, et détruisirent beaucoup d'édifices. En 1511, une des tours du grand temple brûla sans qu'on pût l'éteindre. Trois comètes se montrèrent dans les années suivantes, et peu après une étrange clarté parut à l'orient. Puis, vers le même temps, des voix lamentables entendues dans l'air présageaient quelque grande et mystérieuse calamité. Le roi, comme un autre Balthazar, fut le premier à s'alarmer de ces phénomènes. Effrayé de plus en plus, il consulta Nézahualpilli; mais le savant astrologue ne fit qu'ajouter aux terreurs de Montézuma, en lui déclarant qu'il lisait dans ces prodiges célestes la chute prochaine de son empire. Montézuma ne douta plus que les destinées de la dynastie royale de Mexico allaient s'accomplir, et que le sceptre sortirait bientôt et pour jamais de sa maison. Il trembla sur son trône, et ce n'était pas sans raison : ses craintes étaient fondées.

CHAPITRE III.

DÉCOUVERTE DE L'AMÉRIQUE.

Ce vaste continent d'Amérique qui renfermait d'immenses richesses, de puissants empires, et où les sciences et les arts n'étaient pas ignorés, n'était cependant pas connu, au milieu du XVe siècle, des autres contrées du monde. Mais à cette époque un savant navigateur génois soupçonne qu'au delà de l'Atlantique il doit y avoir des pays inconnus; il avance que, d'après la forme et le volume connus de la terre, l'Europe, l'Asie et l'Afrique ne doivent être qu'une partie du globe terrestre, et qu'un autre continent doit exister dans l'hémisphère opposé à l'hémisphère connu. Le navigateur génois pressentait ainsi l'existence d'un monde ignoré jusqu'alors. Animé du désir et de l'espoir de le découvrir, il sollicite de plusieurs souverains les moyens de mettre à exécution son projet et d'aller à la recherche de ces terres inconnues. Il est d'abord considéré comme un insensé; mais il est enfin accueilli par Ferdinand et Isabelle, qui régnaient en Espagne. Il en obtient trois vaisseaux, et le 3 août 1492, Christophe Colomb met à la voile. Le 11 octobre, après avoir couru bien des dangers et surmonté bien des obstacles, il aperçoit une île verdoyante garnie de bois et arrosée par divers ruisseaux. L'équipage entonne le *Te Deum* et s'avance vers l'île au son d'une musique militaire. Colomb débarque l'épée à la main, foule le premier le sol du nouveau monde, plante la croix et prend possession du pays pour la couronne de Castille et de Léon.

Cette île, appelée par les insulaires Guanahani, reçut de Colomb le nom de San-Salvador. Il parcourut ensuite plusieurs petites îles, puis découvrit l'île de Cuba, et aborda le 6 décembre à Haïti, qu'il nomma Hispaniola. Un nouveau monde était découvert. Mais quels étaient la situation précise de ce monde, ses limites, son histoire? Etait-ce une île ou un continent? On n'avait de tout cela que des idées confuses. Un grand nombre de personnes adoptèrent aveuglément la conclusion erronée où le grand amiral avait été conduit par la science même. On crut que les contrées nouvellement découvertes faisaient partie de l'Asie; et lorsque le marin errait au milieu des îles Bahama, ou naviguait à travers la mer des Caraïbes, il croyait respirer les parfums des îles à épices de l'océan Indien. Chaque nouvelle découverte, interprétée d'après cette fausse donnée, ne servait qu'à confirmer la première erreur ou à soulever des doutes. Dans trois voyages successifs que fit Christophe Colomb, il découvrit les Caraïbes, qu'il nomma la Désirade, puis la Dominique, Marie-Galante, la Guadeloupe, Saint-Jean de Porto-Rico, la Jamaïque, Sainte-Marthe, la Trinité, Para et Cumana. Il éleva près d'Hispaniola une ville, qu'il nomma Isabelle, en l'honneur de la reine Isabelle, sa protectrice. Dans le même temps, Barthélemi, frère de Colomb, fondait Saint-Domingue. Enfin, dans un quatrième voyage, Christophe découvrit l'île de Guanania, île voisine de la côte de Honduras, côtoya le golfe Darien, et reconnut le continent depuis le cap Gracias-a-Dios jusqu'au havre de Porto-Bello.

Ces premières expéditions avaient été faites par Christophe Colomb seul, aux frais du gouvernement espagnol. Des armateurs, séduits par l'heureux succès de ces entreprises, offrirent de voyager à leurs frais. On vit alors une foule d'aventuriers braver les dangers d'une longue et périlleuse navigation, s'exposer sous de brûlants climats pour pénétrer dans ces contrées où les richesses abondaient et où la fertilité et la magnificence végétale surpassaient tout ce qu'ils avaient vu dans leur pays. La pensée d'une expédition dans le nouveau monde enflamma toutes les imaginations; aussi les découvertes se succédèrent rapidement et s'étendirent bientôt de la baie de Honduras, le long des rivages sinueux du Darien et du continent de l'Amérique du Sud, jusqu'à Rio-de-la-Plata. La puissante barrière de l'isthme fut franchie et la mer Pacifique reconnue. En moins de dix années les côtes orientales des deux grands continents de l'Amérique furent explorées dans presque toute leur étendue. Cependant les rivages du golfe du Mexique, qui décrivent un vaste circuit en s'enfonçant dans l'intérieur des terres, restèrent encore quelque temps inconnus aux voyageurs. L'œuvre de la colonisation marchait de front avec les découvertes. Dans plusieurs des îles, sur divers points de la terre ferme et dans l'isthme de Darien, on avait fondé des établissements régis par des gouverneurs revêtus de l'autorité de vice-rois. Ils gouvernaient avec habileté pour les Espagnols, mais avec une grande inhumanité pour les Indiens, sur lesquels ils faisaient peser un joug de fer ; aussi la population se fondait avec une rapidité effrayante. Un million d'habitants fut réduit en peu d'années à soixante mille et bientôt à quatorze mille. Mais plus les indigènes étaient écrasés, plus leur haine contre les oppresseurs grandissait chaque jour.

A la mort de Christophe Colomb, en 1506, Diégo, son fils et son successeur, maintint le siége du gouvernement à Hispaniola ; il nomma gouverneur de Cuba Velasquez, officier de haute naissance, de grand renom, avide de gloire, encore plus de richesses. Velasquez ne négligea rien pour augmenter la prospérité de l'île ; il établit le siége du gouvernement à Santiago, fonda de nombreux établissements, encouragea la culture du sol, mais s'attacha surtout à l'exploitation des mines d'or, qui promettaient de meilleurs produits que celles d'Hispaniola. Néanmoins il jetait toujours un regard de convoitise sur les riches contrées qu'il entrevoyait au delà du golfe du Mexique.

En 1517, Hernandez de Cordova fut envoyé avec trois vaisseaux dans une des îles de Bahama, pour s'y procurer des esclaves. Après une navigation de trois semaines, de violents coups de vent le poussèrent sur une terre inconnue : c'était la côte nord-est de la Péninsule au cap *Catoche*. La grandeur et la solidité des édifices, construits en pierres et si différents des frêles habitations de joncs et de roseaux des insulaires, étonnèrent beaucoup Cordova. Il ne fut pas moins frappé de la belle culture du sol, du fin tissu des vêtements des indigènes et du magnifique travail des ornements en or dont ils se paraient. Tout indiquait une civilisation bien supérieure à ce qu'il avait vu jusqu'alors. Il eut une autre preuve de la différence de race dans l'esprit belliqueux des habitants. Partout où les Espagnols débarquaient, ils étaient en butte à des hostilités acharnées, parce qu'on soupçonnait qu'ils étaient du nombre de ces étrangers venus de l'Orient et qui opprimaient leurs contrées. Dans une lutte que Cordova eut avec les Indiens, il reçut douze blessures. Aussi, après avoir côtoyé la Péninsule jusqu'à Campèche, il se décida à retourner à Cuba, où il parvint après une absence de plusieurs mois, ayant perdu dans cette expédition la moitié de son équipage ; lui-même mourut peu de temps après son retour. Les rapports de Cordova sur le pays qu'il avait parcouru convainquirent Velasquez de l'importance de cette découverte. Aussi fit-il équiper aussitôt une petite escadre de quatre vaisseaux, dont il donna le commandement à Juan de Grijalva, son neveu.

La flotte quitta le port de Santiago-de-Cuba le 1er mai 1518. Elle prit d'abord la route suivie par Cordova ; mais, repoussée par les vents un peu plus au Sud, elle rencontra l'île de Cozumel. De ce point, Grijalva passa bientôt sur le continent et côtoya la Péninsule en touchant aux mêmes lieux que son prédécesseur. Partout il fut frappé comme lui des traces d'une civilisation plus avancée et de la supériorité de l'architecture. De grandes croix de pierres, monuments d'un culte religieux, ne l'étonnèrent pas moins. Il donna à la Péninsule le nom de Nouvelles-Espagne, nom étendu depuis à un plus vaste territoire. Grijalva recevait partout un accueil aussi peu hospitalier que Cordova ; mais il y souffrait moins, y étant mieux préparé. Comme il côtoyait toujours la côte du Mexique, le cacique de la province, désireux de connaître les motifs de la présence des Espagnols, demanda qu'une conférence amicale eût lieu sur le rivage. Grijalva débarqua toutes ses forces, pour faire plus d'impression sur le chef barbare. L'entrevue dura quelques heures ; à défaut d'un interprète qui connût les deux langues, on communiqua par signes ; on échangea des présents, et les Espagnols, en retour de quelques objets de peu de valeur, reçurent un véritable trésor de bijoux, d'ornements d'or et de vases du travail le plus curieux.

Grijalva, croyant avoir rempli par cet avantageux trafic le principal but de sa mission, résista à toutes les sollicitations de ses compagnons, qui désiraient fonder une colonie en ce lieu même. Cependant il envoya Alvarado à Cuba, avec le trésor et les renseignements qu'il avait pu obtenir sur le grand empire situé dans l'intérieur des terres, puis il poursuivit l'exploration de la côte. Il toucha à Saint-Jean-d'Ulloa et à l'île des *Sacrifices,* ainsi nommée par lui à cause des restes sanglants de victimes humaines qu'on trouva dans l'un de ses temples. Il continua sa course jusqu'à la province de

Panuco, éprouva quelques difficultés pour doubler un cap, puis retourna à Cuba, où il débarqua après une absence de six mois. Grijalva eut la gloire d'être le premier navigateur qui mit le pied sur le territoire mexicain et qui entra en rapport avec les Aztèques.

De retour à Cuba, Grijalva ne fut pas peu étonné d'apprendre que l'on préparait un autre armement plus considérable pour continuer les découvertes. Il ne le fut pas moins de recevoir du gouverneur des reproches pour avoir négligé une si belle occasion de fonder une colonie dans la contrée qu'il venait de visiter. La conduite de Grijalva était certainement irréprochable ; car il n'avait fait que se conformer strictement aux instructions précises qui lui avaient été données. Mais lorsque Alvarado était revenu à Cuba, sa riche cargaison et ses merveilleux récits avaient rempli de joie le cœur de Velasquez. Ses rêves ambitieux semblaient prêts à se réaliser par la conquête du riche pays qui lui était dépeint. Il envoya tout de suite son chapelain en Espagne, avec la part royale de l'or apporté du Mexique, et tous les renseignements qu'il avait recueilli sur cet empire. Après avoir fait valoir ses nombreux services, il sollicitait de la cour de pleins pouvoirs pour la conquête et la colonisation des contrées nouvellement découvertes. Sans attendre la réponse de Madrid, il commença les préparatifs de son armement, cherchant une personne disposée à en partager les frais et capable d'en prendre le commandement. Cette personne, il la trouva dans Fernand Cortez, l'homme le plus propre à accomplir cette grande entreprise, mais le dernier de ceux à qui Velasquez l'eût confiée, s'il avait pu lire dans l'avenir.

CHAPITRE IV.

FERNAND CORTEZ. — SON DÉPART POUR LE MEXIQUE.

Fernand Cortez, né en 1485 à Medellin, ville de l'Estramadure, était issu d'une famille ancienne et respectable. Son père, Martin Cortez de Monroy, capitaine d'infanterie, était peu favorisé de la fortune, mais jouissait de l'estime générale. Les brillantes dispositions naturelles qui se développèrent de bonne heure chez Fernand firent concevoir à son père de grandes espérances pour son avenir. Il le destina à la profession de légiste, carrière plus lucrative que la sienne. Mais Fernand ne répondit pas aux vues paternelles ; il montra un penchant tout particulier pour les armes, ou plutôt pour la vie aventureuse du soldat. Aussi, lorsqu'à l'âge de dix-sept ans, il demanda à s'enrôler sous la bannière de Gonsalve, le Grand Capitaine, ses parents le laissèrent suivre sa vocation, préférant sans doute pour leur fils une vie d'épreuves et de hasards à la vie oisive qu'il mènerait dans sa famille. Le jeune Cortez comptait d'abord s'attacher à la fortune de Gonsalve; mais, à cette époque, tous les yeux étaient tournés vers le nouveau monde. La passion de l'or et de la gloire enflammait toutes les imaginations. Celle de Cortez ne put résister à l'entraînement général. En 1504, l'année où l'Espagne perdait son illustre souveraine, Isabelle, Fernand disait adieu au sol natal.

Le vaisseau qui emportait Cortez toucha aux Canaries, puis atteignit l'île d'Hispaniola. Le jeune aventurier fut reçu avec bienveillance par le gouverneur, qui lui fit une importante concession de terrain. Mais Cortez répliqua : « Je viens pour trouver de l'or, et non pour labourer la terre comme un paysan. » Le gouverneur parvint à le convaincre que dans un pays où l'on avait le sol et les travailleurs en don gratuit, il était bien plus aisé de s'enrichir par les produits de l'agriculture qu'en courant les aventures. Cortez renonça à ses rêveries vagabondes et accepta la concession de terre à laquelle il donna tous ses soins. En 1511, lorsque Velasquez entreprit la conquête de l'île de Cuba, Cortez renonça sans peine à sa vie tranquille pour suivre l'expédition. L'activité, le courage qu'il déploya lui méritèrent les éloges du commandant, tandis que ses manières ouvertes et cordiales, sa bonne humeur et les vives saillies de son esprit, le faisaient aimer des soldats. Après la soumission de l'île, Cortez jouit d'une grande faveur près de Velasquez, qui venait d'en être nommé gouverneur, et devint son secrétaire. Mais bientôt son naturel turbulent l'entraîna à se lier avec un nombreux parti de mécontents. La plupart croyaient leurs services mal récompensés par la manière dont étaient répartis les terres et les emplois. Quelle qu'ait été l'impartialité du gouverneur dans cette circonstance, il lui avait été impossible de satisfaire toutes les prétentions de tant d'aventuriers cupides. Une conspiration se forma ; elle fut découverte, et Cortez, convaincu de l'avoir soutenue, fut arrêté et mis en prison. Sa captivité fut de courte durée. Il parvint à se débarrasser de ses fers, s'échappa par une fenêtre et se réfugia dans une église voisine. Velasquez, irrité, n'osa pas violer le lieu saint, mais il cacha des soldats dans le voisinage avec ordre de saisir le fugitif, s'il se hasardait à sortir du sanctuaire. Cortez eut l'imprudence de franchir le seuil de la porte ; il fut aussitôt saisi et garrotté par des agents du gouverneur. Mis de nouveau aux fers, Cortez fut transporté à bord d'un vaisseau qui devait mettre à la voile le lendemain pour Hispaniola, où il eût sans doute subi un jugement. Mais, après bien des efforts et des douleurs, il réussit à délivrer ses pieds des anneaux qui les enchaînaient, et, protégé par l'obscurité de la nuit, il parvint sur le pont. Il se laissa glisser le long du navire, dans une barque qu'il poussa au large. Au moment d'atteindre la côte, la mer devint si houleuse, le courant si rapide, que, craignant pour sa barque, il se jeta à la mer. Après avoir lutté péniblement contre l'élément, il gagna enfin la terre et se réfugia dans la même église. La facilité avec laquelle Cortez s'échappa une seconde fois peut faire douter de la fidélité de ses gardiens. Peut-être le regardaient-ils comme une victime de la persécution. Peut-être avaient-ils subi l'influence de ses manières populaires, qui lui faisaient des amis partout où le hasard le jetait.

Malgré le désavantage de sa position, Cortez soutint avec fermeté ses droits vis-à-vis du gouverneur, et leur entrevue se termina par une réconciliation durable. Cortez ne fut point rétabli dans ses fonctions de secrétaire de Velasquez, mais il en reçut un vaste territoire dans le voisinage de Santiago. Il s'occupa alors d'agriculture et amassa en peu d'années des sommes considérables.

Telle était la position de Cortez à l'arrivée d'Alvarado. Les nouvelles qu'il apportait se répandirent dans l'île avec la rapidité de l'éclair. Chacun y vit la certitude de résultats plus importants que tous ceux qui avaient été obtenus jusqu'alors. Le gouverneur, comme nous l'avons déjà dit, faisait des préparatifs pour une expédition; mais il cherchait un homme assez riche pour en partager les frais, et assez habile pour qu'on pût lui en confier la direction. Plusieurs armateurs se présentèrent; mais Velasquez les écarta et fixa son choix sur Cortez, qui réunissait tout ce qu'il désirait trouver dans celui auquel il donnerait le commandement de son Armanda.

Cortez atteignait ainsi l'objet constant de ses vœux, depuis qu'il avait mis le pied dans le nouveau monde. Désormais son ambition ne serait plus comprimée dans les limites d'une petite île. Il allait paraître sur un théâtre nouveau avec une complète indépendance d'action. La perspective qui s'ouvrait à ses yeux était de nature à satisfaire la double soif de richesses et de conquêtes commune à tous les aventuriers de ce temps-là. Il appréciait l'importance des découvertes déjà faites, mais il convoitait ce grand empire occidental que signalait la renommée et qu'avait deviné le grand amiral, lors de sa visite à Honduras, en 1501. Il aurait découvert cet empire, s'il eût continué de se diriger vers le Nord, au lieu de courir vers le Sud à la recherche d'un détroit imaginaire. Aussi avait-il dit, avant de mourir : « Je n'ai fait qu'ouvrir la porte à d'autres. » Le temps était enfin venu ; la prédiction allait s'accomplir, et le jeune aventurier dont la lame enchantée devait rompre le charme qui avait si longtemps protégé ces régions mystérieuses, était prêt à diriger l'entreprise.

A dater de ce jour, la conduite de Cortez subit un changement complet : plus de gaîté frivole; ses idées se concentrèrent sur un grand objet. Les ressources de son esprit se déployèrent pour stimuler les compagnons destinés à partager ses pénibles travaux. Son âme s'ouvrit à un généreux enthousiasme dont l'auraient cru incapable ceux-là mêmes qui le connaissaient le mieux. Il consacra toutes ses richesses à l'équipement de la flotte, engagea ses propriétés; et lorsqu'il eut épuisé son crédit, il mit à contribution celui de ses amis. Tout était mouvement et activité dans la petite ville de Santiago. On armait les vaisseaux ; un grand nombre de colons vendaient leurs terres pour s'équiper. Chacun voulait contribuer à la réussite de l'entreprise.

Velasquez donna à Cortez ses instructions pour la conduite à tenir dans l'expédition. Le but principal était de nouer des relations de commerce avec les indigènes ; il fallait éviter de leur faire aucun tort, et les traiter avec douceur et humanité. Cortez ne devait pas oublier que le roi d'Espagne avait surtout à cœur la conversion des Indiens. Il devait leur inspirer une haute idée de la grandeur et de la bonté de son royal maître, les inviter à reconnaître sa suzeraineté et les engager à lui faire de riches présents, afin d'en obtenir la faveur et la protection. Cortez devait, dans l'intérêt des futurs navigateurs, explorer avec soin la côte, sonder ses baies et l'embouchure de ses rivières; chercher à connaître les produits naturels du pays, le caractère de ses différentes races, leurs institutions, leurs progrès, et envoyer une relation détaillée au gouverneur, avec le produit des échanges. Il devait, en un mot, ne rien négliger de ce qui pouvait être utile au service de Dieu et de son souverain.

Telles étaient les instructions remises à Cortez; elles n'attaquaient en rien les intérêts de la science, ni ceux de l'humanité. Elles ne contenaient point l'ordre de fonder des colonies, attendu que le gouverneur n'avait point encore reçu d'Espagne l'autorité d'investir ses agents de pareils pouvoirs. Il ne pouvait accorder à Cortez que le droit de trafiquer avec les indigènes. Mais il reconnaissait et établissait son autorité comme capitaine général de l'expédition.

A cette époque, Cortez avait trente-trois ans. Sa taille était un peu au-dessus de la moyenne. Il avait le teint pâle, et son grand œil noir donnait à sa physionomie une expression de gravité qui contrastait avec la gaîté de son humeur. Il unissait l'agilité à la vigueur et excellait dans tous les nobles exercices de la chevalerie. Il était sobre, buvait peu, et paraissait indifférent aux fatigues et aux privations. Son costume, habituellement riche, quoiqu'en apparence simple, relevait les avantages de sa personne, et sa physionomie portait l'empreinte d'une grandeur et d'une fermeté qui faisaient sentir à ceux qui l'approchaient la nécessité d'obéir. Tel était l'homme qui allait être un des instruments choisis par la Providence pour renverser un des empires barbares du monde occidental.

Velasquez, après avoir désigné Cortez pour commander l'expédition du Mexique, fut saisi tout à coup de la crainte qu'il pourrait profiter de sa haute position pour se rendre indépendant. Il résolut d'entraver le départ de Cortez, de lui retirer le commandement dont il l'avait investi, et de le donner à un homme dépourvu des qualités supérieures dont était doué Fernand. Mais celui-ci eut connaissance de son projet et sut le déjouer. Après avoir consacré toute sa fortune aux préparatifs de l'expédition, il n'était pas disposé à se laisser dépouiller de son autorité et à subir une disgrâce non méritée, qui consommerait sa ruine. Aussi, ne voulant pas laisser au gouverneur le temps de changer ses dispositions, il résolut de lever l'ancre la nuit même. Il vit ses officiers en particulier, les instruisit de son projet, leur en apprit sans doute la cause, et à minuit, au moment où la ville était ensevelie dans le silence, tous ceux qui devaient former l'équipage se rendirent à bord, et la petite escadre sortit de la baie. La surprise des habitants fut grande, lorsqu'au point du jour ils virent que la flottille, qu'ils savaient peu approvisionnée, avait levé l'ancre. Le gouverneur courut jusqu'au quai. Dès que Cortez l'aperçut, il monta un canot armé et s'avança à portée de voix du rivage. « Est-ce ainsi que vous me quittez? s'écria Velasquez. Voilà, en vérité, une manière courtoise de prendre congé! — Pardonnez-moi, repartit Cortez ; le temps presse, et il est des choses qu'il faudrait exécuter avant même d'y penser. Votre

Excellence a-t-elle quelques ordres à me donner? » Mais le gouverneur, cruellement mortifié, était loin d'avoir à donner des ordres. Cortez, après l'avoir salué poliment de la main, retourna à bord de son vaisseau, et la flottille mit immédiatement à la voile, le 18 novembre 1516.

Velasquez retourna dans son palais, où il put méditer à loisir sur la double faute qu'il avait commise, dans son intérêt, d'abord de donner le commandement à Cortez, ensuite d'essayer trop tard de le lui enlever. Par ce caprice arbitraire, il avait provoqué le départ subit de Cortez, qui méritait sans doute d'être blâmé, mais qui pouvait cependant être justifié à raison des circonstances. Tout ce qu'on devait alors attendre de Cortez, c'est que dans la suite de son entreprise il servît loyalement les intérêts de son chef. Nous verrons jusqu'à quel point il comprit cette obligation morale.

Fernand Cortez dirigea sa flottille vers la Trinité, où il s'arrêta. Il fut rejoint par un grand nombre de cavaliers nobles et par des volontaires qui, attirés par sa renommée, voulaient prendre part à son entreprise. Tous les approvisionnements étant achevés, sa petite escadre mit à la voile et se dirigea vers le cap Saint-Antoine, lieu du rendez-vous. Quand tous les vaisseaux furent réunis, ils étaient au nombre de onze; ils furent placés sous la direction d'Alaminos, vieux marin qui avait été pilote de Colomb, ainsi que de Cordova et de Grijalva, dans les premières expéditions au Yucatan. Débarqué au cap, Cortez y passa la revue de ses forces; elles se montaient à cent dix marins, cinq cent cinquante-trois soldats, plus deux cents Indiens de l'île et quelques femmes indiennes pour les travaux domestiques. L'armée avait dix pièces de canon et seulement seize chevaux, que l'on s'était procurés avec beaucoup de peine. Mais Cortez avait tenu à avoir une cavalerie, si faible qu'elle fût, sachant qu'elle jetait la terreur parmi les indigènes. C'est avec cette petite armée qu'il entreprit une conquête dont les difficultés réelles l'auraient fait reculer lui-même, s'il en avait pu entrevoir seulement la moitié.

Avant de s'embarquer, Cortez adressa une courte mais chaleureuse harangue à ses soldats; il sut toucher en peu de mots les cordes les plus sensibles chez les aventuriers d'alors : l'ambition et le zèle religieux. Son discours fit tressaillir tous les cœurs et fut accueilli par d'unanimes acclamations. Cortez, pour maintenir ces dispositions, déploya un magnifique étendard de velours richement brodé; au milieu étaient les armes royales, surmontées d'une large croix autour de laquelle on lisait cette inscription : *Suivons la croix; car, sous ce signe, nous vaincrons.* On célébra la messe, et la flotte, placée sous la protection de saint Pierre, patron de Cortez, leva de nouveau l'ancre et fit voile, le dix-huitième jour de février 1519, pour la côte du Yucatan.

Une tempête poussa la flotte vers l'île de Cozumel. Cette île, quoique pauvre et mal peuplée, offrait partout les signes d'une civilisation supérieure à celle des autres îles indiennes. Cortez fut étonné d'y voir des maisons spacieuses et des temples. Mais il le fut encore davantage d'y découvrir une grande croix de pierre, qui était l'emblème du Dieu de la pluie. Il est, en effet, difficile d'expliquer comment la croix a pu être le symbole d'un culte religieux, dans le nouveau monde, avant que le christianisme y eût pénétré. Quoi qu'il en soit, Cortez, scandalisé des pratiques idolâtriques des habitants de Cozumel, qui cependant s'abstenaient des sacrifices humains, résolut de les arracher à leur grossière idolâtrie et de leur faire embrasser le christianisme, par l'entremise de deux missionnaires attachés à l'expédition : Juan Diaz et le père Bartolomé de Olmedo. Ce dernier réunissait à un zèle fervent une charité non moins vive. Sa conduite répondait à ses préceptes. Il suivit l'armée pendant les diverses phases de la conquête, et souvent, par ses sages conseils, il adoucit la cruauté des vainqueurs et détourna le glaive levé sur les pauvres Indiens. Les deux missionnaires employèrent toute leur éloquence à persuader au peuple de laisser démolir ses idoles; mais les indigènes, pénétrés d'horreur à l'idée d'une semblable profanation, s'écrièrent que c'étaient là les dieux qui leur envoyaient la lumière du jour et la tempête ; et que si on leur faisait la moindre violence, ils lanceraient leurs foudres sur les coupables. Cortez, peu versé dans les discussions théologiques, préférait l'action aux arguments. Selon lui, le meilleur moyen de convaincre les indigènes était de leur prouver l'impuissance de leurs idoles. Il ordonna donc de précipiter les dieux indiens du haut des escaliers du temple. Ce qui fut fait au milieu des lamentations et des cris d'horreur du peuple. On se hâta d'élever à la place un autel surmonté d'une croix, et sur lequel on plaça une image de la sainte Vierge et de l'enfant Jésus. Pour la première fois, la messe fut célébrée dans un temple indien de la Nouvelle-Espagne, par le père Olmedo et par son vénérable compagnon. Les indigènes, soit par peur, soit par conviction, embrassèrent le christianisme.

La flotte partit de Cozumel le 4 mars; elle longea le plus

possible les côtes du Yucatan et arriva devant Tabasco. Cortez, apercevant un grand nombre d'Indiens rassemblés, leur fit demander par ses interprètes la permission de descendre à terre ; il les assura que ses intentions étaient toutes pacifiques ; mais les Indiens ne répondirent qu'en brandissant leurs armes. Une lutte acharnée s'engagea, et ce ne fut qu'après un combat sanglant que Cortez put pénétrer dans la ville ; il en prit possession au nom de Leurs Majestés Catholiques, déclarant qu'il maintiendrait son droit avec l'épée et le bouclier contre quiconque oserait le lui contester.

Le vainqueur promit d'oublier le passé, si les Indiens venaient à l'instant se soumettre ; mais il menaça, en cas de refus, de passer toute la population au fil de l'épée. Les habitants de Tabasco n'avaient pas besoin d'une si terrible menace pour déposer les armes ; ils vinrent faire leur soumission, offrirent de riches présents aux Espagnols, et la confiance se rétablit entre les vainqueurs et les vaincus.

Au nombre des présents offerts par le cacique de Tabasco étaient douze esclaves. Parmi elles se trouvait une femme qui devait jouer un grand rôle dans la conquête du Mexique. Elle était fille d'un cacique tributaire de l'empereur, et était douée d'une rare beauté et d'heureuses qualités. Dès qu'elle fut au pouvoir des Espagnols, elle reçut le baptême et le nom de *Marina*, sous lequel elle est connue. Elle éprouva bientôt un profond et sincère attachement pour son nouveau maître ; entièrement dévouée à ses intérêts, elle l'accompagna dans tous ses dangers et lui rendit les plus grands services. Elle servait d'interprète ; et comme elle connaissait les mœurs, les usages et le caractère des

Mexicains, elle fut souvent employée dans des négociations délicates. Cortez ne voulut pas quitter Tabasco sans convertir les indigènes ; ils avaient reçu une trop sévère leçon pour ne pas consentir à tout ce qu'on exigeait d'eux. Le jour des Rameaux fut choisi pour la cérémonie; toute l'armée se rendit en procession au temple principal, où les emblèmes du christianisme avaient remplacé une des grandes divinités du pays. Le père Olmedo célébra la messe, et les chants solennels de l'Église romaine furent entonnés par les Espagnols. Les indigènes écoutaient dans un profond silence et fondaient en larmes. Leur cœur était pénétré d'une respectueuse crainte pour le Dieu de ces êtres redoutables qui tenaient dans leurs mains les éclairs et la foudre, et ils échangèrent facilement la croix qu'ils adoraient comme l'emblème du dieu de la pluie, contre une autre croix, image d'un Dieu puissant et miséricordieux.

Après avoir ainsi conquis Tabasco à la Castille et au christianisme, Cortez et ses soldats se rembarquèrent, et la flotte côtoya de nouveau les rivages du Mexique. Arrivé à la hauteur de Saint-Jean-d'Ulloa, Cortez fit jeter l'ancre. Les Indiens qui habitaient cette province firent aux Espagnols un très-bon accueil; ils leur apprirent qu'ils étaient sujets du grand empire mexicain, dont le puissant monarque se nommait Montézuma. La province était gouvernée par un noble mexicain, nommé Teuhtile. Cortez expliqua ses intentions toutes pacifiques et manifesta le désir de voir le gouverneur aztèque. Le lendemain, 21 avril, jour du vendredi saint, Cortez débarqua avec toutes ses forces sur l'emplacement même où s'élève aujourd'hui la ville de Vera-Cruz. Il était loin de penser que la plage déserte où il posait le pied serait un jour couverte par une ville florissante, la capitale commerciale de la Nouvelle-Espagne. C'était une vaste plaine sur laquelle le soleil dardait ses rayons brûlants. Pour s'en garantir, les troupes abattirent des arbres, enfoncèrent les troncs dans la terre, les recouvrirent de branches, de nattes et de tapis que leur apportaient les Indiens. En deux jours, les Espagnols eurent des tentes et un camp bien organisé et approvisionné.

Les indigènes accouraient en foule pour voir les merveilleux étrangers. Teuhtile lui-même parut, le jour de Pâques, accompagné d'une nombreuse suite. Cortez alla à sa rencontre et le conduisit sous sa tente, où ses principaux officiers étaient réunis. Le cacique répondit avec une politesse cérémonieuse aux honneurs qu'on lui rendait et assista à la messe. Il s'informa du pays d'où venaient les étrangers et du but de leur voyage. Cortez lui répondit qu'il était le sujet d'un roi puissant (1) qui habitait au delà des mers, gouvernait un immense empire et avait des princes et des rois pour vassaux; que son maître, instruit de la grandeur et de la puissance de l'empereur du Mexique et désirant nouer des rapports entre les deux nations, l'avait député vers Montézuma avec des présents et un message qu'il devait lui remettre en personne. Il finit par demander à Teuhtile quand il pourrait être admis en présence de son souverain. Cette question fut accueillie par le cacique avec une certaine hauteur : il s'étonnait que les Espagnols, arrivés depuis deux jours à peine, eussent la prétention de voir l'empereur. Il témoigna sa surprise d'apprendre

(1) C'était l'époque de l'avénement de Charles-Quint à l'Empire.

qu'il existât un autre monarque aussi puissant que Montézuma; mais il ajouta que s'il en était ainsi, il ne doutait pas que son maître n'entrât en communication avec ce souverain ; il promit d'envoyer à Montézuma le présent du roi d'Espagne et de faire connaître sa réponse aussitôt qu'il l'aurait reçue.

Des présents furent échangés. Ceux des Indiens attestaient la richesse et l'industrie des Mexicains ; ceux des Espagnols avaient peu de valeur ; mais quelques ornements de verre taillé, dans un pays où le verre était inconnu, eurent l'avantage d'éblouir les Mexicains, qui crurent y reconnaître des pierres précieuses. Puis Cortez, pour donner une idée de sa puissance, fit manœuvrer la cavalerie dans la plaine. L'éclat des armes, l'adresse avec laquelle les cavaliers dirigeaient leurs fougueuses montures, les fanfares des trompettes, tout cela remplit les Indiens d'admiration. Mais lorsqu'ils entendirent les salves de l'artillerie, lorsque les canons vomirent de grandes flammes et des volumes de fumée, et que les boulets brisèrent ou firent éclater les arbres de la forêt voisine, alors leur étonnement se changea en une profonde consternation, dont Teuhtile lui-même ne put se défendre. Néanmoins, en se retirant avec sa suite, il ordonna aux Indiens de fournir aux Espagnols des vivres et tout ce qu'ils demanderaient, jusqu'à la réception des ordres de Montézuma.

Lorsque la nouvelle du débarquement de Grijalva sur la côte était parvenue, l'année précédente, dans la capitale, Montézuma avait eu une sorte de pressentiment que sa chute approchait. Le départ de l'aventurier espagnol calma un peu ses craintes ; mais il fit placer des postes d'observation sur toutes les hauteurs, et lors du retour des Espagnols sous Cortez, il en fut promptement instruit. C'est par son ordre que le gouverneur de la province leur fit un accueil si hospitalier. Mais la description qu'il reçut des circonstances de l'entrevue au camp ranima toutes ses terreurs. N'écoutant que ses vagues appréhensions, il résolut d'envoyer aux étrangers une ambassade et de magnifiques présents, pour leur donner une grande idée de sa puissance et de ses ressources, mais de leur interdire l'entrée de la capitale : c'était leur révéler à la fois son opulence et sa faiblesse.

L'ambassade se composait de deux nobles aztèques, accompagnés du gouverneur Teuhtile et suivis de cent esclaves portant les riches présents de Montézuma. A leur entrée dans le pavillon du général, les deux nobles saluèrent Cortez et ses officiers avec toutes les marques de respect dues aux personnes élevées. Ils touchèrent la terre avec les mains et les portèrent ensuite à la tête, tandis que leur suite, armée d'encensoirs, remplissait l'air de nuages d'encens. D'autres esclaves déroulèrent des nattes sur lesquelles ils placèrent les présents, qui étaient tous d'une grande valeur et dont la beauté du travail éclipsait encore la richesse du métal. Les ambassadeurs s'acquittèrent ensuite du message de Montézuma. Leur maître s'estimait heureux d'entrer en rapport avec un aussi puissant monarque que le roi d'Espagne. Il regrettait de ne pouvoir jouir d'une entrevue personnelle avec les Espagnols, mais la distance de la capitale à la mer s'y opposait. C'était un trop long voyage, la route était hérissée de trop de difficultés, et l'on y courait trop de dangers pour qu'il conseillât aux étrangers d'entreprendre d'arriver jusqu'à lui. Ce qu'ils avaient de mieux à faire était de retourner dans leur pays avec les preuves manifestes de son amitié pour leur maître. Cortez, malgré la mortification que lui causait ce refus formel d'être admis près de l'empereur, dissimula sa mauvaise humeur et protesta de sa reconnaissance pour les généreux dons de Montézuma. Son désir d'avoir une entrevue avec l'empereur n'en était que plus vif, ajouta-t-il; il n'oserait se présenter devant son souverain sans avoir accompli le grand objet de sa mission. Il pria les ambassadeurs de porter ce second message à leur maître avec de nouvelles protestations de son respect.

Six jours après, les ambassadeurs mexicains reparurent; ils apportaient la réponse de Montézuma, qui, cette fois, contenait la défense d'approcher de la capitale. L'empereur ne doutait pas que les Espagnols, satisfaits des présents qu'il leur envoyait, ne s'empressassent de retourner dans leur pays. Cortez accueillit cet ordre avec une apparente soumission mêlée de froideur, et, se tournant vers ses officiers : « Voilà, en effet, leur dit-il, un riche et puissant prince; mais il faudra bien que nous lui rendions visite un jour dans sa capitale. »

Cet entretien durait encore, lorsque la cloche venant à sonner l'heure des vêpres, les Espagnols s'agenouillèrent devant une grande croix de bois plantée dans les sables. Cortez crut devoir profiter de la circonstance pour remplir un des grands objets de son voyage. Le père Olmedo reçut l'ordre d'exposer brièvement et clairement les doctrines du christianisme. Déclarant ensuite à ses auditeurs que les Espagnols avaient résolu d'extirper l'idolâtrie indienne, pour y substituer le culte du vrai Dieu, il donna aux ambassadeurs une petite image de la sainte Vierge et de l'enfant Jésus, en leur recommandant de la placer dans leurs temples, après en avoir chassé leurs divinités sanguinaires. Cette déclaration changea tout à coup les dispositions bienveillantes qu'avaient d'abord montrées les Indiens. Dans la nuit même, toutes les cabanes indiennes furent abandonnées, et les Espagnols se virent menacés de la famine dans cette immense solitude. Cortez, redoutant même une attaque, se tenait prêt à la repousser ; mais les indigènes n'avaient aucun projet de ce genre pour le moment.

CHAPITRE V.

—

VILLA-RICA DE LA VERA-CRUZ.

L'inaction dans laquelle Cortez fut obligé de laisser ses troupes suscita des mécontentements et des murmures. Les uns voulaient qu'on retournât à Cuba, afin d'y rendre compte des premières expéditions et de réunir des forces pour en entreprendre de nouvelles, les autres repoussaient la pensée de rétrograder, de perdre le fruit des succès qu'ils avaient déjà obtenus, et se montraient disposés à braver tous les dangers. D'autres enfin avançaient qu'il fallait fonder une colonie. C'était sans doute l'ambition de Cortez; mais ses pouvoirs n'allant pas jusque-là, il tâcha d'y être en quelque sorte contraint par son armée. Ses partisans le sommèrent de renoncer à un départ et de fonder une colonie, quoiqu'il n'y fût pas autorisé. Ce n'était pas, disaient-ils, les intérêts du gouverneur qu'il fallait défendre, mais bien ceux de la couronne de Castille, pour laquelle on venait de découvrir ces vastes territoires. L'intérêt de cette couronne était de fonder tout de suite une colonie, au lieu de perdre le temps à trafiquer avec les indigènes. Cortez se laissa facilement persuader, et, paraissant céder à la force des circonstances, il donna l'ordre de fonder un premier établissement au nom des souverains espagnols; il lui donna le nom de Villa-Rica de la Vera-Cruz, réunissant ainsi dans ce titre le sentiment religieux aux espérances de fortune.

Les murailles commençaient à peine à s'élever, que Cortez procéda à l'installation des autorités de la nouvelle ville; ses mesures furent si bien prises, que les choix tombèrent exclusivement sur ses partisans. Portocarrero, Alvarado et Olid, dont le dévouement ne s'était jamais démenti, furent les premiers membres de la junte. Les actes de nomination furent dressés au nom du roi, et l'on n'y fit aucune mention de Velasquez. La nouvelle municipalité entra en fonction. Cortez, par un motif secret et bien combiné, se présenta humblement devant l'assemblée, déposa les pouvoirs qu'il tenait de Velasquez, pouvoirs naturellement abrogés par ceux de la magistrature de Villa-Rica de la Vera-Cruz. Il déclara que désormais il servirait en qualité de simple officier et prouverait à ses compagnons que, quoique accoutumé à commander, il savait aussi obéir; puis il se retira. Cette démarche eut le résultat qu'il en espérait. La junte ne se borna pas à lui déférer le commandement de l'armée, elle le nomma premier magistrat de la colonie, réunissant ainsi dans ses mains le pouvoir militaire et le pouvoir civil. Les soldats applaudirent à cette décision de la junte, ratifièrent son choix et jurèrent d'obéir aveuglément à leur général. Enfin Cortez voyait son ambition satisfaite : indépendant du gouverneur, il pourrait désormais se livrer aux combinaisons de son génie sans avoir à lutter contre les entraves qui, jusqu'alors, s'étaient opposées à ses opérations. Ce grand événement ne s'opéra pas sans exciter le mécontentement et l'indignation des partisans de Velasquez; mais Cortez sut les apaiser, les gagner à lui et opérer une réconciliation si parfaite, qu'aucun officier ne voulut se séparer de lui.

Le calme étant rétabli et le camp muni de provisions, Cortez s'avança dans le pays. Il reçut bientôt une ambassade du cacique de Cempoalla, principale ville des Totonaques, qui l'engagea à aller le visiter. Cortez s'y rendit avec une petite armée; la conférence qu'il eut avec le cacique lui apprit que ce peuple était vassal du grand empereur, qui appesantissait sur lui un joug cruel et impitoyable; que le gouvernement de Montézuma n'était pas moins odieux dans plusieurs autres provinces, et qu'entre Cempoalla et la capitale s'étendait la belliqueuse république de Tlascala, qui avait su défendre son indépendance contre toutes les forces de l'empire. Le cacique désirait sans doute l'alliance des Espagnols, dont la renommée et la valeur étaient venues jusqu'à lui; mais il redoutait le courroux du grand Montézuma, qui pouvait fondre sur lui comme un tourbillon et emmener tout son peuple en esclavage. Cortez calma ses craintes, en l'assurant qu'il le défendrait contre toute attaque, et une alliance fut conclue entre les Espagnols et les Cempoallans. Plusieurs peuples de la grande famille totonaque étaient désunis; Cortez s'occupa tout de suite de les réconcilier. Il y parvint sans effusion de sang; ce qui convainquit ces peuples que Cortez joignait la modération et la justice à la valeur. Aussi obtint-il facilement de tous les chefs un serment de fidélité au roi d'Espagne.

Cortez était fier sans doute d'acquérir un si grand nombre de vassaux à la couronne de Castille; mais il n'oubliait pas le principal objet de sa mission, qui était d'arracher les indigènes à leur culte barbare, de les faire renoncer à leurs sacrifices humains et à leurs repas de cannibales. Il conjura le cacique de lui permettre d'abattre ses idoles, pour élever à leur place le symbole de la vraie foi. Mais ni les instances du général ni les prédications du père Olmedo ne purent l'ébranler, et il persistait à vouloir conserver ses dieux. Cortez, voyant qu'il n'obtiendrait rien par la persuasion, en vint à user de la force, et, malgré la résistance du cacique, des prêtres et du peuple, les idoles furent abattues et brûlées aux yeux de la foule, qui fut très-étonnée lorsqu'elle vit que les divinités n'avaient pu ni empêcher ni châtier une si grande profanation. Elle en conclut que les mystérieux étrangers étaient plus puissants qu'elles. Cortez fit purifier le temple et élever un autel où l'on célébra la messe. Cette imposante cérémonie émut les indigènes, qui crurent au Dieu des Espagnols. Un vieux soldat se voua à la garde du sanctuaire, et se chargea d'instruire les Indiens des vérités du christianisme.

De retour à Vera-Cruz, Cortez jugea qu'il était temps de faire connaître à Charles-Quint lui-même l'importance de ses découvertes. Dans la lettre qu'il lui adressa, il le supplia de confirmer tous ses actes, ainsi que sa propre autorité, et il exprima la ferme confiance de mettre bientôt, avec l'aide de ses braves compagnons, la couronne de Castille en possession du grand empire indien. Pour convaincre son souverain de l'importance de ses services, il voulut lui offrir un don magnifique, et, trouvant que le cinquième réservé au roi serait insuffisant, il proposa à ses officiers et à ses soldats d'abandonner leur part. Tous y consentirent, et l'on put envoyer à Charles-Quint un présent digne de lui et de nature à le convaincre que l'empire du Mexique produisait autant d'or que le pays d'où Salomon avait tiré le même métal pour en orner le temple. On joignit à ces présents quatre esclaves indiens, destinés à faire connaître les indigènes des pays qu'on avait découverts. Cortez confia cette importante mission à deux officiers dévoués; il leur donna le meilleur navire de sa flotte, et leur enjoignit de ne toucher, sous aucun prétexte, à aucune île de l'océan Indien. Ce navire, chargé des trésors et des vœux de la nouvelle cité de Vera-Cruz, mit à la voile le 26 juillet.

Vera-Cruz était, en effet, une cité à la fondation de laquelle on avait travaillé avec une ardeur incroyable. Le général, les soldats, les indigènes même, tout le monde avait payé de sa personne, et en quelques semaines on avait vu s'élever une ville qui, sans répondre précisément à son titre ambitieux, remplissait du moins le but de sa création. C'était un excellent point d'appui pour les opérations futures, un asile pour les blessés, les malades, et pour l'armée elle-même en cas de revers, un vaste entrepôt pour les approvisionnements, enfin un port qui assurait un refuge sûr aux navires, et une position assez forte pour imposer aux peuples voisins. Villa-Rica de la Vera-Cruz fut la première colonie fondée dans la Nouvelle-Espagne, la mère féconde de toutes celles qui devaient plus tard s'y élever. Les indigènes saluèrent avec joie la ville nouvelle. S'ils avaient pu lire dans l'avenir, ils n'y auraient aperçu que les signes précurseurs d'une catastrophe plus terrible que toutes celles qui avaient été prédites par leurs prophètes. La lumière de la civilisation allait se lever sur les Indiens, mais comme la clarté d'un incendie qui consumerait leur gloire sauvage, leurs institutions nationales, leur nom même. Le jour où le premier Européen avait mis le pied sur leur territoire, leur ruine était devenue inévitable.

Cortez ne tarda pas à montrer qu'il n'était nullement disposé à renoncer à son entreprise. Quelques personnes, effrayées de la hasardeuse expédition qu'il préparait contre Mexico, cherchèrent à s'emparer d'un navire et à gagner Cuba, afin d'instruire le gouverneur de ce qui se passait. Cortez découvrit à temps ce projet; il punit les coupables, et, pour ôter tout moyen de renouveler une pareille tentative, il résolut de détruire sa flotte. Sous le prétexte que les navires n'étaient plus en état de soutenir la mer, il les fit désarmer et couler à fond. Il ne conserva qu'un seul petit bâtiment. Cette mesure inattendue jeta la consternation parmi les Espagnols : d'un seul coup, ils étaient séparés de leur patrie, de leur famille; ils n'étaient qu'une poignée d'hommes pour lutter contre un puissant empire, et, en cas de revers, toute retraite leur était fermée. Des murmures s'élevèrent de toutes parts, et une révolte parut inévitable. Cortez sut encore l'apaiser et persuader à ses soldats qu'ils n'avaient rien à craindre, mais tout à espérer, et le cri unanime : A Mexico ! à Mexico ! retentit de tous côtés. Après l'acte audacieux que le général en chef venait d'accomplir, il n'avait plus d'autre alternative que de vaincre ou de mourir.

CHAPITRE VI.

MARCHE SUR MEXICO. — ENTRÉE ET SÉJOUR DANS CETTE VILLE.

Le moment était venu où Cortez allait enfin commencer la grande expédition objet de son ambition, la conquête de Mexico. Il laissa à Vera-Cruz une garnison sous le commandement de Juan d'Escalante, officier dévoué à ses intérêts, et bien capable de résister à toute intervention hostile qui pourrait venir du continent européen, et en même temps d'entretenir des relations amicales avec les indigènes. Cortez réunit son armée, qui était grossie de treize cents Indiens, dont plusieurs étaient destinés à le guider au milieu des tribus qu'il allait traverser. Ces indigènes lui rendirent d'immenses services.

Ce fut le 16 août 1519 que cette petite armée se mit en marche pour aller renverser un puissant et vaste empire. Mais Cortez avait dit : « Nous combattrons pour planter la croix, le secours de la Providence nous est assuré. » Et tous les soldats s'étaient écriés : « Nous sommes prêts à vous suivre et à vous obéir. » Ils partirent ainsi pleins d'enthousiasme pour leur chef et animés des plus grandes espérances.

Les Espagnols traversèrent d'abord des montagnes, des sentiers étroits bordés de précipices, puis des plaines riantes et bien cultivées. Ils trouvèrent sur leur route des établissements indiens contenant quelques centaines d'habitants, puis des villes amies des Cempoallans et des Totonaques. L'accueil hospitalier qu'ils recevaient paraissait cependant plus forcé que sincère, et partout on parlait de Montézuma comme d'un prince si puissant, qu'on semblait traiter de folie toute tentative de pénétrer dans Mexico. Mais le général espagnol ne se laissait pas intimider ; rien ne pouvait ébranler sa résolution, qui s'affermissait au contraire de plus en plus par la découverte qu'il faisait de plusieurs lieux où étaient entassés jusqu'à des milliers de crânes de victimes humaines, qui avaient servi aux sacrifices.

Cortez, craignant quelque trahison de la part des caciques, s'arrêta peu et se hâta de diriger sa marche vers Tlascala. La province de ce nom était vaste et populeuse. D'abord gouvernée par des rois, elle s'était érigée en république fédérale ; elle n'avait jamais été soumise par le grand empereur, et était en guerre avec lui pour défendre et conserver son indépendance. Cortez se flatta qu'en faisant connaître aux Tlascaltèques son intention de délivrer les Indiens de la tyrannie de Montézuma, il en serait bien reçu et obtiendrait la permission de traverser leur territoire. Mais il fût trompé dans son attente. Les Tlascaltèques déclarèrent qu'ils étaient résolus à repousser l'invasion par la force ; qu'ils extermineraient les Espagnols et tous les Indiens qui leur prêteraient assistance. Le motif de cette résolution venait de ce qu'ils soupçonnaient les Espagnols d'être secrètement liés avec Montézuma, et d'agir pour lui. De plus, dans leur zèle religieux, ils étaient indignés de ce que les Espagnols avaient détruit les idoles de Cempoalla; ils brûlaient du désir d'immoler ces étrangers impies, pour venger l'offense faite à leurs divinités ; ils ne doutaient nullement qu'il ne leur fût facile d'écraser une si faible armée.

Il fallut donc que Cortez se préparât à une lutte ; elle fut dure et acharnée. Après un combat où les Tlascaltèques firent de grandes pertes, Cortez offrit la paix ; mais le chef ennemi répondit : « La paix sera faite, quand nous pourrons offrir le sang et le cœur des Espagnols en sacrifice à nos dieux, et que leurs corps auront servi à nos festins. » Cette horrible déclaration détruisit toute espérance de conciliation ; on se prépara à une nouvelle attaque. Pendant la nuit, les troupes se confessèrent, reçurent la communion, et se disposèrent à vaincre ou à mourir. Le combat s'engagea de nouveau ; il fut meurtrier et si désastreux pour les Tlascaltèques, qu'ils se décidèrent à demander la paix à ces étrangers qu'ils commençaient à regarder comme des êtres surnaturels. Des députés vinrent humblement déposer des présents aux pieds de Cortez ; ils déclarèrent que s'ils avaient pris les armes, c'était parce qu'ils le croyaient allié de Montézuma ; qu'ils reconnaissaient leur erreur et le suppliaient de leur accorder sa protection. Cortez les assura que son désir le plus ardent était de s'unir à eux par les liens d'une étroite amitié et de terminer une guerre qu'il avait cherché à éviter.

Les Espagnols entrèrent dans la ville de Tlascala le 23 septembre. La réception des habitants fut aussi amicale que leur conduite antérieure avait été pleine d'animosité. La suspension des hostilités était bien nécessaire aux Espagnols pour les remettre des fatigues et des privations qu'ils avaient supportées. Leurs inquiétudes sur l'avenir se dissipèrent, et alors ils ne doutèrent plus qu'aucune force en Amérique ne pourrait désormais résister à leurs armes.

Cortez gagna facilement la confiance des Tlascaltèques, qui lui offrirent de l'accompagner à Mexico avec les forces de la république, sous les ordres de leurs chefs les plus expérimentés. Il accepta : c'était ce qu'il souhaitait pour pouvoir augmenter son armée. Il aurait bien désiré, avant son départ, d'amener les Indiens au culte du vrai Dieu ; mais ils étaient trop attachés à la religion de leurs pères pour y renoncer tout d'un coup. Dans son zèle impétueux, il aurait voulu, comme à Cempoalla, renverser les idoles ; mais le père Olmedo le détourna de cette violence. Il fallait, disait-il, pour convertir les infidèles, plus de temps et de douceur ; il fallait leur montrer la religion aimable par ses effets, afin qu'ils fussent forcés de reconnaître sa supériorité sur leurs coutumes barbares. Cortez se rendit à ce sage avis et se contenta d'obtenir qu'on élevât une simple croix sur la place publique. On aurait pu suivre la trace de l'armée espagnole à cet emblème du salut des hommes, qu'elle plantait à chaque station qu'elle faisait.

Une indigne trahison fut tramée contre Cortez et son armée par les habitants de Cholula. Elle avait été ordonnée par les ordres de Montézuma. Marina la découvrit assez tôt pour la faire échouer. Cortez, aidé des Tlascaltèques, tomba sur les Cholulans, en fit un horrible massacre et brûla leur temple. Le châtiment était cruel, mais le salut de son armée et le sien paraissaient l'exiger et le justifier. Il intimida plusieurs villes voisines de Cholula, qui se hâtèrent d'envoyer des députés au camp espagnol, pour faire leur soumission et se concilier la faveur des étrangers par des présents d'or et d'esclaves. Le général espagnol ne put convertir les Cholulans, mais il eut la satisfaction de briser les portes des cages dans lesquelles étaient renfermées les victimes destinées aux sacrifices, et de rendre ces malheureux à la liberté et à la vie.

Montézuma, informé de ce qui s'était passé à Cholula, envoya des ambassadeurs à Cortez pour l'assurer qu'il n'avait pris aucune part à la trahison des Cholulans. Son but était de dissiper les défiances des Espagnols et de leur donner une sécurité dont on se servirait pour les faire tomber plus facilement dans les piéges qu'on voulait leur tendre. Le 29 octobre, Cortez et son armée quittèrent Cholula et se mirent en marche, ayant avec eux les ambassadeurs de Montézuma.

Cortez fut averti qu'à la descente des montagnes l'empereur avait fait intercepter la route directe de Mexico, afin de les forcer à en prendre une autre qui les conduirait à des défilés étroits où l'on pourrait les attaquer avec de grands avantages. Ces renseignements ne furent pas perdus pour Cortez, qui fit observer avec soin tous les mouvements des ambassadeurs mexicains et redoubla de précautions pour se garantir de toute surprise. Lorsque l'armée arriva à l'endroit désigné par les naturels et où la route se divisait en deux branches, elle trouva en effet l'une d'elles encombrée par des troncs d'arbres et des quartiers de rochers. Cortez en demanda la raison aux ambassadeurs. Ils répondirent que cette disposition avait été faite pour les empêcher de prendre une route qui, à une certaine distance, devenait presque impraticable pour la cavalerie. Sur quoi Cortez déclara que ce motif suffisait pour le décider à prendre cette route, attendu que les Espagnols se déterminaient toujours pour les plus difficiles. Alors il ordonna aux alliés de marcher en avant et de dégager la route, où il s'engagea hardiment au grand étonnement des ambassadeurs qui, en voyant le choix de Cortez, l'attribuèrent à une inspiration surnaturelle, à une véritable divination. Cortez descendit dans la plaine; partout où les Espagnols passaient, ils étaient reçus comme des libérateurs puissants qui venaient soulager les peuples de l'oppression et comme des êtres d'une nature supérieure. Les caciques énuméraient à Cortez tous les sujets qu'ils avaient de détester la tyrannie de Montézuma. En voyant ce souverain ainsi haï dans ses États, Cortez ne douta pas qu'il ne lui fût facile de renverser un empire dont les forces étaient ainsi divisées.

Tandis que ces réflexions soutenaient le courage du général, celui des soldats était ranimé par le tableau qui se déroulait devant eux. A mesure qu'ils descendaient des montagnes, la vaste plaine de Mexico, une des plus belles du monde, se découvrait à leurs yeux.

A leurs pieds s'étendaient des forêts de chênes, de sycomores et de cèdres ; puis, au delà, des champs dorés de maïs, de hauts aloès, entremêlés de vergers, de jardins et de fleurs. Au centre était un lac immense environné de grandes villes, au milieu desquelles s'élevait la belle cité de Mexico, avec ses blanches tours et ses temples pyramidaux, *la Venise des Aztèques*, reposant comme sa rivale au sein des eaux. Au-dessus de tous ces monuments se dressait le mont royal de *Chapeltepec*, résidence des empereurs mexicains ; il était couronné de massifs de gigantesques cyprès. Dans le lointain, au delà des eaux bleues du lac, on apercevait, comme un point brillant, Tezcuco, la seconde capitale de l'empire. Telle était la vue magnifique qui s'offrit aux regards des Espagnols ; ils ne purent la contempler sans éprouver une vive émotion et une grande surprise.

Pendant que les Espagnols s'avançaient rapidement vers la capitale, l'hésitation de Montézuma était plus grande que jamais. Après la catastrophe de Cholula, il s'était retiré dans la partie de son palais consacrée à ses exercices religieux ; il y était demeuré huit jours, observant une sévère abstinence et constamment prosterné aux pieds de ses dieux, pour réclamer leur vain appui. De cette retraite sacrée, il envoya à Cortez plusieurs personnages de distinction, pour le dissuader d'entrer à Mexico, s'engageant à payer un tribut annuel au roi d'Espagne. Il promettait, si cette offre était acceptée, de donner au général quatre charges d'or et une à chaque soldat. La terreur le faisait ainsi descendre aux plus basses supplications, tandis qu'il aurait pu réunir ses forces innombrables pour s'opposer ouvertement à la marche des envahisseurs. Cortez remercia les envoyés des propositions généreuses de leur maître, et dit qu'il ne pouvait rétrograder sans avoir vu l'empereur, avec lequel il voulait s'entretenir des affaires importantes qui avaient conduit les Espagnols dans son pays. La perplexité de Montézuma était encore augmentée par les discours des prêtres, qui venaient à chaque instant lui faire part des sinistres présages qu'ils observaient de tous côtés. Ces craintes devinrent si vives, que, sans attendre le retour de ses envoyés, il réunit en conseil Cuitlahua, son frère, Cacumatzin, son neveu, cacique de Tezcuco[1], et les personnes les plus distinguées de sa cour, afin de les consulter sur ce qu'il devait faire. Le résultat de cette conférence fut semblable à celui des conseils précédents : le frère de l'empereur émit courageusement l'opinion de repousser les Espagnols par la force, tandis que le jeune prince de Tezcuco fut d'un avis contraire.

Montézuma, qui avait toujours partagé les idées du premier, se rangea tout à coup à celle du second : « A « quoi bon résister, dit-il, lorsque les dieux se sont « déclarés contre nous ! Il faut nous soumettre. » Puis il envoya immédiatement une dernière ambassade aux Espagnols, pour leur ouvrir en quelque sorte les portes de Mexico. Le prince de Tezcuco, son neveu, fut désigné pour conduire la députation.

Cortez était arrêté à un village sur les bords du lac, quand il fut averti de l'approche de Cacumatzin. Ce prince parut porté dans un palanquin richement orné de feuilles d'or et de pierres précieuses. Il était accompagné d'une suite nombreuse, de nobles et de serviteurs. Lorsqu'il fut arrivé devant Cortez, il descendit de son palanquin, tandis que ses officiers s'empressaient de balayer la terre devant lui. C'était un homme d'environ trente-cinq ans, à la démarche noble et à l'air agréable. Il fit le salut mexicain en touchant la terre; mais, au moment où il se relevait, Cortez l'embrassa. Cacumatzin l'informa qu'il venait, comme représentant de Montézuma, l'assurer que les Espagnols étaient les bienvenus dans sa capitale. Après un échange de présents et de politesses, le prince indien se retira, laissant les Espagnols frappés de la pompe de son cortége et de la dignité de sa personne.

L'armée reprit sa marche. Arrivée aux portes de Mexico, on l'avertit que l'empereur s'avançait au-devant d'elle. Presque aussitôt le cortége commença à paraître. Marchaient en avant trois officiers munis de baguettes d'or, qu'ils levaient par intervalles : c'était le signal pour indiquer au peuple la présence du souverain et lui ordonner de se prosterner en signe de respect. Montézuma était assis dans une magnifique litière couverte de plaques d'or et portée sur les épaules de ses favoris, tandis que d'autres soutenaient au-dessus de sa tête un dais orné de plumes vertes, de pierres précieuses et de franges d'or. A une certaine distance venaient deux cents nobles, richement vêtus et parés de plumes ; ils marchaient les pieds nus et les yeux fixés vers la terre. Lorsque l'empereur fut près de Cortez, il descendit de sa litière, et, s'appuyant sur les bras de son frère et de son neveu, il s'approcha d'un pas lent et majestueux, tandis que ses gens étendaient devant lui des tapis, afin que ses pieds ne touchassent pas le sol. Il paraissait âgé d'environ quarante ans ; il avait la taille moyenne et le teint moins basané que celui du commun des Américains. Toute sa personne avait un air de majesté ; néanmoins on pouvait remarquer en lui quelque chose d'affecté. Son costume était un manteau de coton très-fin attaché simplement sur les épaules, assez long pour couvrir la plus grande partie du corps et bordé d'une frange d'or. Les joyaux, les perles et les pierres précieuses qui le couvraient et formaient sa couronne semblaient plutôt un fardeau qu'un ornement. Ses souliers étaient en or massif.

Cortez, qui était descendu de cheval, s'avança avec quelques officiers au-devant de l'empereur ; cette entrevue devait avoir pour tous deux un grand intérêt. Cortez voyait dans Montézuma le maître des vastes contrées qu'il avait traversées, ce prince dont il avait entendu vanter partout le faste et la puissance.

Dans l'Espagnol, Montézuma contemplait l'être mystérieux dont la destinée semblait être liée à la sienne, le conquérant annoncé par ses oracles, le héros que ses exploits élevaient au-dessus de l'humanité. Mais quels qu'aient pu être, en cette occasion, les sentiments de l'empereur, il eut assez d'empire sur lui-même pour recevoir son hôte avec une courtoisie toute royale et lui exprimer la satisfaction qu'il éprouvait à le voir dans sa capitale. Cortez répondit à cet accueil par les protestations du plus profond respect. Il passa au cou de Montézuma un collier en verre de couleur, et fit un mouvement pour l'embrasser ; mais il fut arrêté par deux seigneurs, choqués de voir la personne sacrée de leur maître exposée à une telle profanation. Montézuma chargea son frère de conduire les Espagnols aux quartiers qui leur étaient destinés, et, remontant dans sa litière, il fut emporté avec la même pompe à travers la foule prosternée. Les Espagnols le suivirent de près, et firent bientôt, enseignes déployées et aux sons d'une musique guerrière, leur entrée dans le quartier méridional de Tenochtitlan. Une foule immense assistait à ce spectacle extraordinaire : les chaussées, les rues étaient encombrées; les fenêtres des maisons, les terrasses étaient garnies de femmes et d'enfants; tous s'étonnaient des marques de respect données par Montézuma aux Espagnols. Ils en conclurent naturellement que ces étrangers étaient des *Teutès,* puisque le puissant et orgueilleux empereur s'abaissait devant eux. Cette persuasion, ainsi que la nouveauté des armes, de l'artillerie et des chevaux, contribua à les grandir dans l'opinion générale. D'un autre côté, les Espagnols n'étaient pas moins étonnés de tout ce qui s'offrait à leurs yeux : l'immensité du lac, la grandeur de la ville, la beauté des édifices, la nombreuse population, les richesses déployées par le souverain et sa suite étaient autant de surprises merveilleuses. Montézuma attendait les Espagnols au palais qu'il leur avait assigné; il s'approcha de Cortez, lui passa au cou une chaîne de grande valeur et lui dit : « Ce palais vous appartient, *Malinche* (c'était le nom qu'il lui donnait toujours en lui parlant). Reposez-vous de vos fatigues, et avant peu je reviendrai vous voir. » A ces mots, il se retira avec sa suite.

Le premier soin de Cortez fut de pourvoir à sa sûreté; il plaça son artillerie en face des principales avenues, distribua ses sentinelles; en un mot, fit observer une discipline aussi vigilante que s'il eût été en face d'une armée ennemie.

Le soir, Montézuma revint visiter ses hôtes avec la même pompe qu'à sa première entrevue, et apporta au général et à ses soldats des présents dont la magnificence attestait la libéralité du souverain et la richesse de son royaume. Il eut avec Cortez un long entretien ; il fit beaucoup de questions sur le pays des Espagnols, sur leur souverain, sur la nature de leur gouvernement, et par-dessus tout sur le but de leur venue au Mexique. Cortez motiva cette expédition sur le désir qu'avait son maître de conclure une alliance avec un prince aussi puissant que Montézuma et de lui faire connaître la vraie religion, celle des chrétiens. Cortez se contenta d'émettre cette pensée, sans chercher à la faire germer tout de suite dans l'esprit de l'empereur. Il prévoyait bien que Montézuma, élevé dans les plus strictes pratiques de sa religion, se laisserait difficilement persuader qu'il devait renier les dieux qui l'avaient élevé au faîte des honneurs et de la puissance.

Montézuma écouta Cortez avec une silencieuse attention, puis il lui raconta que ses ancêtres n'avaient pas été les premiers possesseurs du pays, qu'ils n'y avaient été amenés que depuis quelques siècles par un grand *Être*, qui, après leur avoir donné des lois et avoir gouverné pendant quelque temps la nation, s'était retiré dans les régions où se lève le soleil. Il avait déclaré en partant que lui ou ses descendants viendraient un jour reprendre son empire. Les actions héroïques des Espagnols, la blancheur de leur teint et la direction d'où ils venaient, tout indiquait qu'ils étaient les descendants de ce grand Être. « Aussi, ajouta-t-il, je reconnais que votre maître au delà des mers est le maître légitime de mon grand empire ; je gouverne en son nom ; vous êtes son ambassadeur. Vous et vos frères partagerez toutes ces choses avec moi. Vous êtes chez vous ; j'aurai soin qu'on ait égard à vos désirs comme si c'étaient les miens. » Tandis que Montézuma prononçait ces paroles, des larmes roulaient dans ses yeux ; il lui en coûtait sans doute de renoncer à son indépendance et de se reconnaître vassal d'un autre roi. Cortez, tout en encourageant l'idée que son souverain était le grand Être mentionné par Montézuma, s'efforça de convaincre l'empereur que son maître n'avait aucune intention de le troubler dans l'exercice de son autorité.

Ce fut le 8 novembre 1519 que les Espagnols pénétrèrent dans Mexico, sept mois après leur entrée dans le pays de l'Anahuac, connu depuis cette époque sous le nom de Nouvelle-Espagne. Dès le lendemain, Cortez fit demander à l'empereur la permission d'aller le visiter dans son propre palais. Cette demande fut accueillie avec empressement. Cortez sortit de ses quartiers, accompagné d'Alvarado, de Sandoval, d'Orday et de cinquante soldats. Il fut reçu avec honneur par les officiers mexicains, qui, les pieds nus, les yeux baissés et humblement inclines, l'introduisirent devant l'empereur. Montézuma et le général s'entretinrent longtemps par l'intermédiaire de Marina, qui servait d'interprète. Puis ils se séparèrent de nouveau en se prodiguant les marques d'une mutuelle amitié.

Les Espagnols étaient enfin à Mexico ; ils avaient pénétré dans un vaste empire inconnu jusqu'alors, et étaient établis sans opposition dans cette capitale dont la magnificence, la richesse, la puissance et les ressources se déroulaient de plus en plus à leurs yeux, à mesure qu'ils visitaient en détail cette cité merveilleuse. Cependant Cortez ne se laissait pas éblouir par cet immense succès. Montézuma l'avait, il est vrai, reçu avec des marques de respect ; mais étaient-elles bien sincères? Se soutiendraient-elles? Le salut des Espagnols dépendait de la volonté du prince sur l'attachement duquel ils n'avaient aucune raison de compter, et dont un ordre donné par le caprice ou dans un mouvement de colère pouvait décider irrévocablement de leur perte. Qu'on vînt à rompre les ponts placés de distance en distance sur les chaussées, la retraite devenait impossible, et ils se trouvaient enfermés au milieu d'une ville ennemie, environnés d'une multitude par laquelle ils seraient accablés sans avoir le temps de recourir à leurs alliés. Ces réflexions se présentaient souvent à la pensée de Cortez. De plus, en supposant qu'on permît aux Espagnols de continuer à occuper tranquillement leurs quartiers actuels, le grand but de l'expédition restait toujours à atteindre. Cortez ignorait comment il parviendrait à se rendre maître de la capitale, dont la possession était indispensable à l'accomplissement de ses desseins sur le pays. D'un autre côté, il pouvait d'un jour à l'autre recevoir la nouvelle que le gouvernement espagnol, ou, ce qu'il redoutait encore plus, que le gouverneur de Cuba envoyât des forces supérieures aux siennes pour lui arracher une conquête qui n'était encore que commencée et non achevée. Tourmenté par ces craintes, il résolut de tenter un coup hardi.

Une circonstance vint l'affermir dans cette pensée. Il reçut de Vera-Cruz la nouvelle que Qualpopoca, général mexicain, et gouverneur d'une ville située sur la côte, avait reçu l'ordre de Montézuma d'attaquer les Totonaques et de les soumettre; en conséquence, il avait fait plusieurs excursions sur leur territoire et les avait cruellement punis de leur alliance avec les Espagnols. Les Indiens avaient demandé du secours au gouverneur de Vera-Cruz ; Escalante, après plusieurs tentatives pour faire cesser les hostilités, s'était vu forcé de marcher contre Qualpopoca et de lui livrer bataille. La victoire était restée aux Espagnols, mais ils avaient perdu sept hommes, et Escalante était mort des suites de blessures qu'il avait reçues. Puis, les Mexicains étant parvenus à s'emparer d'un soldat blessé, qui était mort peu après, lui avaient coupé la tête et l'avaient envoyée à Montézuma, la montrant dans toutes les villes, afin de prouver que les fameux étrangers n'étaient ni immortels ni invincibles. Cette circonstance aggravait la situation de Cortez ; il ne se dissimulait pas qu'il ne pouvait rester à Mexico sans danger et que la retraite serait périlleuse. De plus, il n'ignorait pas que les grands tramaient quelque chose contre lui. La masse du peuple était calme ; mais la conduite des nobles et des caciques indiquait qu'ils préparaient une entreprise importante. Cortez vit la nécessité de sortir de cette situation par une démarche prompte et hardie. Il réunit ses officiers, et, après leur avoir expliqué leur véritable position, il leur déclara qu'il ne voyait qu'un moyen d'éviter des malheurs : c'était de s'emparer de l'empereur et de le conduire au palais comme un ôtage sacré. Cet avis fut rejeté par quelques-uns, mais adopté par la majorité. Les dispositions furent faites en secret.

Le lendemain, Cortez se rendit au palais de l'empereur, comme pour lui rendre une visite ; il avait avec lui une suite nombreuse, et ses troupes étaient campées de manière à pouvoir surmonter toute résistance et repousser toute attaque. Arrivé près de Montézuma, le général se plaignit, d'un ton menaçant, de la conduite de Qualpopoca et exprima son étonnement que l'empereur ait donné des ordres pour l'extermination des Espagnols. Montézuma, d'abord interdit, surmonta cependant son émotion, nia qu'il eût donné des ordres à Qualpopoca, et, pour prouver sa sincérité, il commanda immédiatement de l'amener à Mexico. Cortez affecta de paraître satisfait, mais il objecta que, pour convaincre les Espagnols de sa sincérité et leur rendre la sécurité, il fallait qu'il quittât son palais et vînt résider quelque temps au quartier espagnol. Montézuma resta anéanti en voyant un homme assez audacieux pour lui faire une proposition aussi étrange. Il répondit avec hauteur que les princes mexicains n'étaient pas accoutumés à se rendre eux-mêmes prisonniers, et que, eût-il la faiblesse d'y consentir, ses sujets ne consentiraient pas qu'on fît un pareil affront à leur souverain. Cortez employa toutes les ressources de son éloquence pour le convaincre qu'il ne serait nullement prisonnier, mais traité avec tous les égards qui lui étaient dus. Montézuma resta inébranlable ; et la discussion durait depuis deux heures, lorsque Marina, en lui transmettant les paroles de Cortez, lui conseilla de céder, disant que sa sûreté en dépendait. La contenance menaçante des officiers espagnols et les paroles de Marina ébranlèrent le malheureux prince, qui se leva et dit : « Hâtons-nous de partir pour votre quartier, puisque les dieux le veulent ainsi ; je me fie à votre honneur. » Il demanda ses officiers et ses courtisans et leur communiqua sa résolution. Malgré leur étonnement et leur douleur, ils ne firent aucune représentation au souverain, dont la volonté était sacrée pour eux. Ils le placèrent sur une litière et le portèrent en silence et les yeux baignés de larmes au quartier espagnol. A peine cette nouvelle fut-elle répandue dans la ville, que le peuple menaça d'exterminer les étrangers, pour les punir de leur audace impie. Mais lorsqu'ils virent paraître Montézuma le sourire sur les lèvres et leur faire signe de la main, en leur déclarant que c'était de son propre mouvement qu'il allait résider pour quelque temps au milieu de ses amis, le tumulte s'apaisa, et la foule se dispersa.

Montézuma fut reçu avec les marques de respect que Cortez avait promises. Rien ne fut changé dans sa manière de vivre ; il fut traité avec le même cérémonial que s'il eût été au milieu de sa cour ; les ministres et les courtisans approchaient librement de sa personne, et il exerçait les fonctions de son gouvernement comme par le passé. Ses repas étaient servis avec la même magnificence ; aussi s'habitua-t-il bientôt à ce nouveau genre de vie et parut-il se plaire dans la compagnie de ses gardiens, surtout dans celle de Cortez et d'Alvarado, dont il aimait les grâces, l'adresse et la constante gaîté. Le soir, il jouait avec Cortez au *totoloque*, espèce de jeu qui consiste à abattre de petites quilles d'or au moyen de boules de même métal. Montézuma distribuait son gain aux soldats espagnols, et Cortez donnait le sien aux mexicains. Cortez s'efforçait de rendre la prison du captif non-seulement supportable, mais agréable. Il lui donnait de plus en plus de liberté, le laissait aller aux temples, à la chasse. De son côté, l'empereur était doux et libéral envers les Espagnols et s'en faisait aimer. Il offrit à Cortez une de ses filles en mariage ; mais le général le remercia de l'honneur qu'il lui faisait, en lui disant qu'il était marié, que sa femme était à Cuba, et que sa religion lui défendait d'avoir plusieurs femmes.

Vingt jours s'étaient écoulés depuis la captivité de l'empereur, lorsque Qualpopoca, son fils, et ses principaux officiers arrivèrent à Mexico, chargés de chaînes. Qualpopoca se présenta devant l'empereur avec cette respectueuse confiance d'un serviteur qui sait ne pas avoir mérité la désapprobation de son maître. Mais, à sa grande confusion, Montézuma le reçut avec froideur et mépris, et le fit remettre à Cortez, afin qu'on instruisît son procès, et qu'il fût puni, s'il était coupale. Qualpopoca et ses officiers, interrogés, avouèrent qu'ils n'avaient agi qu'en vertu des ordres de Montézuma. Le conseil de guerre les condamna à mort. Cortez annonça cet arrêt à l'empereur et lui dit que les criminels l'avaient accusé d'être le premier auteur de leur attentat; qu'en considération de sa conduite, il aurait la vie sauve, mais que sa participation au crime devait être expiée par un châtiment personnel. Et, sans attendre de réplique, il ordonna à un soldat de mettre les fers aux mains de l'empereur. Montézuma, élevé dans l'idée que sa personne était inviolable et sacrée, considéra cet acte comme une profanation qui était un avant-coureur de sa chute prochaine; il exhala sa douleur en plaintes et en gémissements. Ses courtisans, muets d'horreur, tombèrent à ses pieds, les baignant de larmes, et soutenant ses fers, afin d'en rendre le poids plus léger.

Pendant ce temps avait lieu l'exécution des condamnés; sur la place publique on avait dressé un immense bûcher; ils y furent attachés et brûlés vifs. Le peuple contempla ce spectacle avec un muet étonnement, croyant que la sentence avait été prononcée par l'empereur. Après l'exécution, Cortez retourna près de Montézuma, et, s'agenouillant devant lui, il enleva ses fers et lui exprima tout le regret qu'il éprouvait d'avoir été obligé de lui imposer cette punition. Montézuma eut la faiblesse de recevoir sa liberté comme un bienfait. Cortez lui offrit de retourner dans son palais ; mais Montézuma refusa cette offre, objectant que les intérêts des Espagnols ne lui permettaient pas de les quitter, parce que la noblesse et son peuple le pressaient de prendre les armes contre eux.

En effet, la mort de Qualpopoca et l'humiliation de Montézuma réveillaient l'énergie de quelques braves Mexicains. Cacumatzin, neveu de l'empereur, décida tous les nobles de Tezcuco à faire la guerre aux Espagnols. Aux premiers symptômes de ce soulèvement, Montézuma s'en alarma : il ne doutait pas que sa tête ne répondît de la conduite de son neveu. Il lui envoya l'ordre formel d'abandonner ses projets. Mais Cacumatzin résista ; alors Montézuma le fit arrêter et le livra à Cortez, qui donna pour successeur au roi de Tezcuco son propre frère, dont les vues étaient tout opposées aux siennes. Montézuma, se croyant redevable à Cortez du repos de ses États, lui accorda de plus en plus sa confiance. Le général en profita pour lui faire éloigner des emplois tous les principaux officiers de l'empire, dont les talents et le caractère indépendant lui faisaient craindre quelque résistance à ses volontés, et faire mettre à leur place des hommes sans capacité ou plus disposés à la soumission.

Enhardi par tant de preuves d'une obéissance servile, Cortez osa pousser Montézuma à se reconnaître vassal du roi de Castille, et à lui payer un tribut annuel. L'empereur se soumit encore à cet humiliant sacrifice; il réunit tous les grands de l'empire, et, dans une harangue étudiée, leur rappela les prophéties, déclarant qu'il en voyait l'accomplissement dans l'arrivée des Espagnols; que dès lors il reconnaissait les droits de leur souverain sur l'empire du Mexique; qu'il voulait déposer sa couronne à ses pieds et être désormais son tributaire. L'assemblée, d'abord muette d'étonnement, exprima bientôt sa douleur et son indignation. Les Mexicains parurent vouloir se livrer à quelque acte de violence; mais retenus par la crainte qu'inspiraient les Espagnols, et entraînés par l'exemple de soumission de leur empereur, ils donnèrent un consentement forcé. La cérémonie de l'acte de foi et d'hommage eut lieu le lendemain avec solennité. Cortez s'efforça de rassurer les seigneurs mexicains, en leur déclarant que l'intention de son roi n'était nullement d'enlever à Montézuma la possession de son empire, mais qu'au contraire cet empire serait augmenté de tous les pays que les Espagnols pourraient conquérir par la suite. Le premier tribut payé par l'empereur s'éleva à trois millions, sans compter tous les bijoux et les ornements d'un travail admirable. Un cinquième de ce trésor fut destiné au roi de Castille, un autre cinquième à Cortez, et le reste fut partagé entre les officiers et les soldats. Par ces actes, l'autorité et les revenus de Montézuma étaient désormais à la disposition du général espagnol.

La conquête de Mexico semblait achevée sans coup férir. Néanmoins, elle était loin d'être complète. Un point capital restait à obtenir : c'était la conversion des naturels. Malgré tous les efforts du père Olmedo et du général, ni Montézuma ni ses sujets ne montraient la moindre disposition à abjurer la foi de leurs pères. Ils continuaient de célébrer les rites sanglants de leur religion, avec la même pompe et sous les yeux des Espagnols. Cortez, ne voulant plus tolérer ces abominations, et brûlant du désir de répandre la lumière du christianisme, demanda que le grand temple lui fût livré, pour y célébrer les cérémonies du culte catholique, à la vue de la ville entière. Cette demande jeta la consternation dans l'âme de Montézuma. Permettre que les temples soient profanés, lui semblait un acte capable d'attirer sur lui et sur son peuple la vengeance des dieux. Cependant, après en avoir conféré avec les prêtres, il permit aux Espagnols de prendre possession d'un des sanctuaires du temple. Cette nouvelle répandit l'allégresse dans le camp espagnol. Le sanctuaire nouveau fut purifié ; on y éleva un autel, et, au lieu de l'or et des bijoux qui brillaient dans le temple païen, les murs de celui-ci furent décorés de guirlandes de fleurs. Lorsque ces arrangements furent terminés, l'armée se rendit processionnellement dans la nouvelle église, y entendit avec recueillement le saint sacrifice de la messe ; et quand les solennels accents du *Te Deum* s'élevèrent vers les cieux, Cortez et ses soldats s'agenouillèrent, et, les yeux humides de larmes de joie, exprimèrent au Tout-Puissant leur reconnaissance pour ce glorieux triomphe de la croix. Ce fut la plus belle période de cette guerre lointaine.

CHAPITRE VII.

MORT DE MONTÉZUMA. — ÉVACUATION DE MEXICO. — SECONDE PRISE DE MEXICO.

Le moment était venu où la fortune qui avait, pour ainsi dire, conduit Cortez par la main, allait cesser de lui être favorable. L'établissement du culte chrétien paraissait aux Mexicains une profanation qui les exaspérait contre les Espagnols et excitait leur mécontentement contre Montézuma, qui avait eu la faiblesse de permettre ce sacrilége. Les nobles avaient de secrètes entrevues avec l'empereur et le pressaient d'exiger le départ des Espagnols. Ce prince, qui était profondément attristé depuis qu'il avait autorisé l'outrage fait à ses dieux, rappela à Cortez qu'il était à Mexico depuis six mois, que sa mission était remplie, et qu'il devait songer à quitter la capitale. Cortez feignit d'entrer dans ses vues, mais il fit valoir l'impossibilité de s'embarquer, n'ayant plus de flotte; il promit cependant de s'occuper tout de suite de faire construire des vaisseaux; mais son dessein était bien de faire traîner les travaux en longueur.

Le général espagnol attendait avec impatience le retour de Porto-Carrero et de Montijo, qu'il avait envoyés en Espagne avec d'importantes dépêches pour Charles-Quint. Il espérait recevoir du roi la confirmation de son autorité, qui, sans cela, demeurait incertaine et précaire. Quelque étendus et rapides qu'eussent été ses succès, il ne pouvait achever la conquête d'un si grand empire avec le peu de troupes qui lui restaient, ni recevoir aucun secours des établissements des îles, sans avoir obtenu du roi l'approbation de sa conduite passée. Cette autorisation n'arrivait point, et cependant il y avait neuf mois que ses envoyés étaient partis. Tandis qu'il était dans cette cruelle situation, et que ses craintes étaient augmentées par la déclaration de Montézuma, il apprit l'arrivée de dix-huit vaisseaux espagnols à la côte. Sandoval, commandant de la Vera-Cruz, l'avertissait que cet armement, fait par le gouverneur de Cuba, était dirigé contre lui. Velasquez n'avait pu se méprendre longtemps sur les véritables intentions de l'homme qu'il avait mis à la tête de l'expédition; ses soupçons se fortifièrent, quand il vit qu'on ne lui rendait aucun compte des opérations, et ils se changèrent en certitude, quand il apprit que des dépêches avaient été expédiées en Espagne. En recevant ces dépêches avec les présents qui y étaient joints, Charles-Quint fut tout disposé à bien accueillir la demande des envoyés et à ratifier les actes accomplis par Cortez. Mais l'évêque de Burgos, protecteur de Velasquez, sut changer les dispositions du roi, qui ajourna la décision. Le gouverneur de Cuba sut profiter de ce délai. Honteux d'avoir été trompé, et irrité de voir son ambition déçue, il chercha à enlever à Cortez l'autorité qu'il avait usurpée. Il arma dix-huit vaisseaux, et en donna le commandement à Pamphile de Narvaëz, avec ordre de se saisir de Cortez et de ses principaux officiers, de les lui envoyer prisonniers et d'achever ensuite en son nom la découverte et la conquête du pays. Cortez, averti du débarquement de Narvaëz, comprit toute la gravité de sa position. Mais son génie lui vint en aide. Il se décida à aller en personne repousser les agressions de Narvaëz. Il laissa à Mexico une garnison et son artillerie, sous les ordres d'Alvarado, auquel il confia la garde de Montézuma; puis il fit promettre à ce prince d'user de son autorité pour maintenir l'ordre dans la ville. Il partit ensuite. On était au mois de mai 1520.

Cortez entreprit d'abord de négocier avec Narvaëz; il lui exposa toute sa conduite, l'assura qu'il n'agissait que dans l'intérêt de la couronne d'Espagne et l'engagea à s'unir à lui pour les opérations futures. Narvaëz répondit avec hauteur, se croyant certain d'écraser Cortez. Mais celui-ci conduisit ses affaires avec tant d'adresse, qu'il gagna à son parti presque tous les soldats de Narvaëz et parvint à le faire prisonnier avec ses officiers. Ce succès eut les plus heureux résultats pour lui. Les troupes de Narvaëz lui apportaient un renfort considérable et des munitions dont il commençait à manquer.

Mais tandis que Cortez triomphait si facilement de Narvaëz, de tristes événements se passaient à Mexico. Suivant l'usage établi dans l'empire, les Mexicains avaient célébré la fête du dieu de la guerre. Une foule immense de peuple, de nobles et de prêtres, s'étaient réunis dans la cour du grand temple pour exécuter des danses en l'honneur de leur divinité. On avait demandé à Alvarado de permettre au souverain d'assister à cette fête; son refus causa une grande irritation parmi les Mexicains. Alvarado, soupçonnant, sans aucune raison valable, que les habitants voulaient profiter de l'absence de Cortez pour l'attaquer, chercha à prévenir le coup. Il s'empara de toutes les avenues qui conduisaient au temple et ordonna à ses troupes de charger cette foule désarmée. Les Indiens hors d'état de se défendre furent impitoyablement massacrés. Tant de perfidie et de cruauté excita l'indignation des Mexicains, qui, oubliant le danger que courait leur empereur, vinrent attaquer le quartier des Espagnols et en firent le siége. Alvarado put croire à la destruction entière de sa petite troupe, si Cortez n'arrivait promptement à son secours. Le général, effrayé de ce qui se passait à Mexico, se hâta d'y revenir. Il y rentra le 24 juin avec des forces imposantes : il avait avec lui non-seulement les troupes venues avec Narvaëz, mais encore deux mille Indiens, qu'il avait recrutés sur sa route. A son entrée dans la capitale, personne ne vint à sa rencontre; partout il trouva un aspect triste et silencieux; il en eût été effrayé, s'il n'eût pas eu tant de confiance dans ses troupes. Croyant Montézuma complice de la révolte, il n'alla pas le visiter. Cependant les Mexicains, persuadés que leurs oppresseurs n'étaient pas invincibles, continuèrent d'attaquer le quartier avec une féroce opiniâtreté. Le frère de l'empereur, auquel Cortez avait rendu la liberté, et plusieurs caciques très-puissants étaient à la tête de l'insurrection. Le combat se soutenait de part et d'autre avec fureur. Les murs qui entouraient le palais vomissaient d'épais tourbillons de fumée, sillonnés de traits de feu. Les gémissements des blessés et des mourants se perdaient au milieu des clameurs des combattants, des détonations de l'artillerie et des éclats de la mousqueterie. Le génie de Cortez ne faillit pas dans cette terrible lutte.

Le malheureux Montézuma, croyant que sa vie était désormais liée au sort des Espagnols, s'interposa comme médiateur entre ceux-ci et ses sujets. Il parut sur la muraille, vêtu de ses habits royaux, comme dans les occasions solennelles. A la vue de leur souverain, qu'ils respectaient presque comme une divinité, les Mexicains laissèrent tomber leurs armes et gardèrent un profond silence; tous inclinèrent la tête, et plusieurs se prosternèrent. Montézuma adressa à ses sujets un discours dans lequel il s'efforça de les calmer, et les engagea à cesser les hostilités. Les nobles répondirent qu'avec l'aide de leur dieu, la guerre serait bientôt terminée; car ils avaient juré d'exterminer tous ces étrangers. Montézuma essaya de leur persuader qu'il n'était point prisonnier; que les Espagnols étaient ses hôtes; qu'il les quitterait, lorsqu'il le voudrait. Mais un murmure général s'éleva contre l'empereur; on n'entendit de tous côtés qu'insultes, outrages et menaces. « Vil Aztèque, lui criait-on, tu es un lâche;

les hommes blancs t'ont rendu femme. » Ces amers reproches furent suivis d'une nuée de flèches et de pierres dirigées sur l'endroit où était le prince. Les Espagnols chargés de veiller à sa sûreté n'eurent pas le temps de le couvrir de leurs boucliers. Le malheureux empereur fut blessé de deux flèches et atteint à la tempe d'une pierre qui le renversa. En le voyant tomber, les Mexicains furent si effrayés, qu'ils s'enfuirent, épouvantés du crime qu'ils venaient de commettre et persuadés que la vengeance du ciel allait tomber sur eux.

Montézuma fut porté dans son appartement. Cortez accourut, et, avec la plus vive sollicitude, s'empressa de le consoler dans son infortune et de lui témoigner ses regrets. Mais le prince, reconnaissant dans quel abîme d'humiliation il était tombé, reprit toute la fierté qui paraissait l'avoir abandonné depuis si longtemps et repoussa Cortez avec indignation et dureté. Il refusa même de recevoir les secours de l'art, dédaignant de survivre à ce dernier affront et de prolonger une vie devenue honteuse pour lui depuis qu'il était le prisonnier des Espagnols, l'instrument de la servitude de son peuple, et l'objet de la haine et du mépris de ses propres sujets. Transporté de rage, il déchira l'appareil qu'on avait mis sur ses blessures, et refusa obstinément de prendre aucune nourriture. Cortez, effrayé, voulut essayer de le convertir à la religion chrétienne. Le père Olmedo employa toutes les ressources de son éloquente piété pour le déterminer à recevoir le baptême; mais ce fut en vain. Après trois jours de souffrances, il expira en maudissant son destin et ses ennemis, et en appelant la vengeance des dieux sur les Espagnols et sur ses rebelles sujets (30 juin 1520).

Telle fut la fin tragique de Montézuma II. Il mourut dans la cinquantième année de son âge, et dans le dix-septième mois de sa captivité. Les Espagnols le regrettèrent sincèrement ; il avait gagné leur affection par ses actes répétés de générosité et par ses nobles qualités. Il y avait en lui un mélange de vices et de vertus bien opposés. Magnifique et libéral, il déployait ces qualités aux dépens de ses sujets ; juste et équitable, il se livrait néanmoins assez fréquemment à des actes de férocité. Dans les premières années de son règne, il avait augmenté l'étendue de son empire ; mais de conquérant hardi et courageux, il était devenu prince faible et irrésolu, dès que les Espagnols avaient paru sur son territoire. Son esprit était cultivé ; il aimait passionnément la musique ; il se plaisait aux exercices militaires et à la chasse. Malgré ses erreurs et ses fautes, conséquences inévitables de ses croyances religieuses et des mœurs de son pays, Montézuma doit être regardé comme le plus grand souverain des Mexicains. Il laissa plusieurs enfants ; trois furent tués plus tard ; un survécut ; il embrassa la religion chrétienne et devint célèbre sous le nom de don Pédro. Un membre de cette famille, Joseph Valladarez, devint vice-roi du Mexique en 1697.

Lorsque les Espagnols considérèrent les restes inanimés de ce malheureux empereur, ils durent éprouver un remords bien naturel en comparant l'état de prospérité au milieu duquel ils l'avaient trouvé et celui où l'avait réduit son amitié pour eux. Cortez rendit à ses dépouilles mortelles les plus grands honneurs. Son corps, revêtu de ses habits royaux, fut placé dans un cercueil et porté, sur les épaules de six nobles, au prince Quetlavaca, frère de Montézuma, et son successeur au trône. Les Mexicains accoururent de toutes parts pour accompagner son cercueil. Bientôt la ville retentit de gémissements qui durèrent toute la nuit. A la pointe du jour, le corps fut transporté à la montagne de Chapaltepa, sépulture des empereurs du Mexique.

La mort de Montézuma fut un malheur pour les Espagnols. Tant qu'il avait vécu, ils avaient entre leurs mains un gage de paix. Maintenant le dernier lien qui les rattachait aux Mexicains était brisé. Tout espoir d'accommodement était désormais évanoui. Les combats, suspendus pendant les funérailles de Montézuma, recommencèrent avec une nouvelle fureur. La nécessité d'évacuer la capitale étant reconnue, le conseil de guerre décida qu'on quitterait Mexico la nuit même et qu'on tâcherait de gagner Tlascala, où l'on pourrait régler les opérations ultérieures. Malgré toutes les précautions prises pour tenir secrète cette retraite, les Mexicains l'avaient soupçonnée; ils détruisirent les ponts et tombèrent sur les Espagnols. Un carnage affreux eut lieu pendant cette terrible nuit. Le génie et le courage de Cortez l'emportèrent, et son armée parvint à gagner la terre ferme. Un grand danger l'attendait encore non loin de là, dans la plaine d'*Otumba*; toutes les forces mexicaines y étaient réunies, bien décidées à exterminer tous les Espagnols. Là encore l'intrépidité de Cortez sut triompher du danger. « Amis, dit-il à ses soldats, voici le moment de vaincre ou de mourir. Élevons nos cœurs vers Dieu, plaçons en lui tout notre espoir, et chargeons hardiment. » La mêlée fut terrible; les Espagnols combattirent les Mexicains avec une intrépidité qui tenait du désespoir. Après quatre heures d'une lutte sanglante, Cortez attaqua le général indien, qui, porté sur une litière, tenait l'étendard vénéré de ses troupes. Cortez l'atteignit, le renversa et s'empara de l'étendard. A cette vue, les Mexicains prirent la fuite, laissant leurs ennemis maîtres du champ de bataille. Cette victoire fut la plus éclatante que les Espagnols remportèrent dans le nouveau monde. Elle leur facilita les moyens de gagner Tlascala, où ils entrèrent au milieu des acclamations d'un peuple dont la fidélité semblait augmenter en raison des malheurs de ses alliés. Aussi les Espagnols trouvèrent-ils en ce pays tous les secours et toutes les provisions qui leur étaient nécessaires.

L'abandon forcé de Mexico ne pouvait faire renoncer Cortez à l'espoir d'y rentrer. Au contraire, toutes ses pensées se tournaient vers cette ville, qu'il voulait absolument posséder. Une partie de ses officiers et de ses troupes demandaient qu'on renonçât à cette entreprise qui n'offrait plus aucune chance de succès. Cortez sut encore une fois dominer l'esprit général et s'occupa avec activité des préparatifs nécessaires pour attaquer Mexico.

On ne recevait aucune nouvelle des officiers envoyés en Europe l'année précédente. Le général, craignant qu'ils n'eussent péri dans la traversée, confia une mission semblable à Diégo de Ordaz et à Alonzo de Mendoza. Dans sa nouvelle missive Cortez ne parlait de lui-même qu'avec modestie; mais il exaltait le courage de ses compagnons d'armes. Il demandait des secours et des missionnaires dévoués pour aider le père Olmedo dans la conversion des infidèles.

Pendant que les Espagnols séjournaient à Tlascala,

Quetlavaca, le nouvel empereur mexicain, mourait à Mexico de la petite vérole. Son règne n'avait duré que quatre mois ; mais il avait été glorieux, puisqu'il avait vu l'expulsion des Espagnols. On élut pour lui succéder Guatimozin, neveu des deux derniers empereurs. Il avait épousé la belle princesse *Tecuichpo,* fille de Montézuma. Il n'avait pas vingt-cinq ans, mais il était brave ; aussi ne recula-t-il pas devant la charge périlleuse qui lui était offerte. Il portait aux Espagnols une haine religieuse. Informés qu'ils songeaient à assiéger la ville, il se prépara à la défendre.

En effet, Cortez ne tarda pas à venir mettre le siége devant la capitale. Nous n'en suivrons pas toutes les opérations en détail ; nous dirons seulement que l'attaque fut terrible, la résistance opiniâtre, et que de part et d'autre il y eut des succès et des revers. Les Espagnols furent parfois réduits à une position désespérée ; mais les Mexicains eurent bientôt à lutter contre une horrible famine ; elle devint telle, que plus d'une mère, dans son délire, dévora le fruit de ses entrailles. Les Mexicains, accablés par les souffrances, étaient devenus pour ainsi dire indifférents ; ils abandonnaient les morts, les laissaient sans sépulture et ne faisaient plus entendre ni plaintes ni gémissements. Ils suppliaient les prêtres d'invoquer les dieux ; mais les oracles étaient muets, ou ne rendaient que de sinistres réponses. Au milieu de ces scènes de carnage et de désolation, le jeune empereur demeurait calme et ferme. Sa belle capitale tombait en ruines ; ses nobles et fidèles sujets mouraient autour de lui ; son territoire lui était enlevé pied à pied ; cependant il rejetait toute proposition de capitulation. Ce fut en vain que Cortez lui fit offrir de lui laisser la paisible possession de son empire, s'il voulait reconnaître la suzeraineté du roi d'Espagne. Guatimozin refusa tout accommodement; il voulait l'extermination des Espagnols et il espérait arriver à son but. La fortune ne seconda pas son courage; l'assaut fut livré; Guatimozin fut forcé de se réfugier dans un canot qui tenta de traverser le lac; mais il fut poursuivi par un brigantin espagnol et fait prisonnier avec l'impératrice. Cortez les traita avec beaucoup d'égards. L'empereur s'avança vers lui en lui disant : « Je suis ton prisonnier, j'irai où tu voudras. J'ai rempli mon devoir de roi, j'ai défendu mon peuple jusqu'à la dernière extrémité. Il ne me reste plus qu'à mourir. Prends ce poignard, enfonce-le-moi dans le sein et termine une vie qui ne peut plus être utile. » A ces mots, sa fermeté l'abandonna, les pleurs étouffèrent sa voix. L'impératrice fondait aussi en larmes. Cortez lui-même fut ému. Il respecta un instant la douleur de ses illustres captifs, puis il essaya de les consoler, en leur donnant l'assurance qu'ils seraient traités avec les plus grands égards; que l'empereur continuerait à régner, s'il voulait reconnaître la suprématie de l'Espagne. Dès que les Mexicains connurent le sort de leur empereur, ils cessèrent toute résistance, et Cortez prit possession de la ville, le 13 août 1521. Le siége avait duré soixante-dix jours.

L'état dans lequel on trouva la ville prouva évidemment l'opiniâtreté de la défense : les trois quarts de cette cité n'existaient plus; toutes les rues, toutes les places étaient encombrées de corps morts. Ces cadavres, promptement putréfiés par la chaleur et par la pluie, exhalaient une odeur infecte qui devait entraîner une épidémie. Aussi Cortez jugea-t-il prudent d'éloigner son armée pendant quelques jours.

La joie des Espagnols fut d'abord grande en se voyant maîtres de Mexico; mais elle se calma bientôt, lorsqu'ils se virent frustrés des espérances chimériques dont ils s'étaient continuellement bercés. Au lieu des richesses immenses sur lesquelles ils comptaient, ils ne trouvèrent que des ruines et un trésor vide. Des murmures s'élevèrent de toutes parts. Comme on disait que Guatimozin, prévoyant son sort, avait fait jeter dans le lac toutes ses richesses, les mécontents demandèrent qu'on le mît à la torture, afin qu'il fît connaître le lieu où elles étaient enfouies. La raison, les prières, les promesses, tout fut inutilement employé pour apaiser les esprits. Cortez, craignant une révolte, consentit à une action qui ternit sa gloire. Sans égards pour le rang de Guatimozin, sans respect pour son courage malheureux, sans considération pour sa propre parole, Cortez ordonna de le mettre à la torture, ainsi que son favori, le cacique de Tacuba. Ce dernier expira dans le silence et au milieu des souffrances. Guatimozin supporta tout ce que la cruauté put imaginer de tourments avec un courage indomptable. Cortez, honteux de sa faiblesse, arracha enfin sa victime des mains des bourreaux.

La prise de Mexico pouvait être considérée comme la conquête de tout l'empire; car de nombreuses députations des tribus les plus lointaines accoururent pour se convaincre de l'étonnant événement de la ruine de la ville abhorrée. La plus grande partie de l'Anahuac, effrayée des succès des Espagnols, reconnut la suzeraineté castillane. Quelques peuplades se montrèrent moins disposées à se soumettre. Cortez envoya des troupes, sous les ordres de Sandoval et d'Alvarado, pour les réduire et fonder des colonies dans les provinces conquises.

Tandis que Cortez affermissait ainsi sa conquête, des courtisans intriguaient à la cour d'Espagne pour lui enlever le fruit de ses victoires. On le représentait à Charles-Quint comme un traître qui avait usurpé illégitimement le pouvoir dont il s'était revêtu lui-même. Mais l'importance de la conquête que venait de faire Cortez était si évidente, le récit qu'on en faisait excitait un si grand enthousiasme, que l'empereur se décida à le nommer capitaine général de la Nouvelle-Espagne. Cette nomination, si ardemment désirée du conquérant, le délivra de toute inquiétude et lui permit de poursuivre avec ardeur ses projets d'agrandissement et de civilisation. Il s'occupa de relever Mexico de ses ruines, et en moins de trois ans cette ville, sortant de ses lagunes plus brillante qu'elle ne l'avait jamais été, devint la plus belle cité du nouveau monde. Le palais de Cortez, qui servit plus tard aux vice-rois, était d'une magnificence remarquable. Sur l'emplacement du temple du dieu Mars, s'élevait la majestueuse cathédrale de Saint-François; et pour compléter en quelque sorte le triomphe de la croix, on avait fait entrer dans les fondements de l'église les images brisées des dieux aztèques. Trente églises et plusieurs hôpitaux élevés dans tous les quartiers attestaient le zèle des Espagnols pour le bien-être des indigènes. Le général attira les Espagnols dans la capitale par des concessions de terres et de maisons. Grâce à ces encouragements, le quartier espagnol compta en peu d'années deux mille familles, et le quartier indien ne renfermait pas moins de trente mille âmes. Le commerce devint florissant. Blancs et Indiens, vainqueurs et vaincus se confondaient pour faire prospérer l'industrie.

Quoique les Mexicains eussent fait leur soumission au vainqueur, ils ne conservaient pas moins une haine profonde contre lui. En 1525, une conspiration se forma : tous les Espagnols devaient être exterminés. Cortez découvrit ce complot et fit arrêter aussitôt Guatimozin, le cacique de Tacuba et plusieurs seigneurs. Ceux-ci avouèrent la conspiration et nommèrent Guatimozin comme en étant l'auteur. Cortez, convaincu de leur crime, ou s'efforçant de l'être, ordonna leur exécution immédiate.

Guatimozin, conduit à l'arbre fatal, montra la même fermeté qu'à l'époque de la prise de Mexico. « Je savais bien, dit-il, qu'il ne fallait pas compter sur vos promesses. Je prévoyais bien le sort que vous me destiniez. J'aurais dû périr de ma propre main, avant votre entrée dans ma capitale. Pourquoi me tuez-vous si injustement? Dieu vous demandera compte de ma mort. » Mais Cortez fut impitoyable, rien ne put le fléchir.

Telle fut la triste fin de Guatimozin, que l'on peut appeler le *dernier des Aztèques ;* car, à dater de ce jour, la nation, abattue et n'ayant plus de chef, se résigna à sa destinée et courba la tête sous le joug. De tous les rois barbares, Guatimozin est celui qui se rendit le plus digne de son rang par le dévouement qu'il montra et l'énergie qu'il déploya à l'heure suprême de sa patrie. Il est, au contraire, difficile de justifier le général espagnol de la mort de ce prince. Cette exécution est une tache à sa mémoire. Il est vrai de dire que l'empereur déchu était un prisonnier dangereux. Sa présence entretenait la haine des Mexicains pour les étrangers et semblait les pousser à la révolte. La mort de Guatimozin était une sécurité pour Cortez, en ce qu'elle anéantissait les dernières espérances des vaincus. Ce motif eut sans doute assez d'empire sur Cortez pour le déterminer à oublier les droits de la justice et de l'humanité.

CHAPITRE VIII.

MORT DE FERNAND CORTEZ.

Quatre années s'étaient écoulées depuis la conquête du Mexique, et Cortez avait soumis à la couronne de Castille un territoire de plus de quatre cents lieues de long sur la côte de l'Atlantique et de plus de cinq cents lieues sur les bords de la mer Pacifique. A l'exception de quelques provinces intérieures peu importantes, toute cette vaste contrée jouissait d'une parfaite tranquillité. Si l'ambition de Cortez eût été aussi grande que ses talents, nul doute qu'il ne se fût rendu le maître absolu de cet empire qu'il gouvernait au nom de son souverain; mais sa fidélité à son prince et à son pays fut inébranlable, et l'autorité dont il était revêtu suffisait pour contenter ses désirs. Malgré sa modération, il était entouré d'espions qui interprétaient mal ses moindres démarches et peignaient sa conduite sous les couleurs les plus défavorables. Ils envoyaient en Espagne les plus virulentes accusations contre Cortez. « Il levait, disaient-ils, des contributions exorbitantes, dont il gardait le produit, et il fortifiait des villes pour sa propre sûreté, prenant toutes ses mesures pour se rendre indépendant du souverain et mettre sur sa tête la couronne de la Nouvelle-Espagne. » Ces accusations, quoique dénuées de fondement, furent habilement exploitées par les ennemis de Cortez, et influencèrent Charles-Quint, qui ordonna une enquête sur toute la conduite du général et nomma une commission chargée de tous les pouvoirs nécessaires pour se saisir de Cortez et le faire conduire en Espagne, s'il était reconnu coupable.

Lorsque Cortez eut connaissance des ordres de son souverain, il éprouva une émotion violente, naturelle à un homme qui a l'âme fière, et qui, au lieu de la reconnaissance qu'on lui doit, reçoit un indigne traitement. Ses amis le pressèrent de faire valoir la justice de sa cause contre un prince ingrat, et de saisir d'une main hardie le pouvoir qu'on l'accusait de convoiter. Mais il demeura si maître de lui-même et si ferme dans ses sentiments de fidélité, qu'il rejeta ces dangereux conseils et prit le seul moyen qui lui restât pour conserver sa dignité offensée, sans s'écarter de son devoir. Il résolut de ne pas s'exposer à la honte de se voir appelé en jugement dans un pays qui avait été le théâtre de ses triomphes et de sa gloire, et, au lieu d'attendre les juges qu'on lui envoyait, il se rendit en Espagne, pour y confier sa cause et sa personne à la générosité ou plutôt à la justice de son souverain.

Cortez parut dans sa patrie avec l'éclat qui convenait au conquérant d'un grand empire. L'empereur le reçut avec bienveillance; tous ses soupçons, toutes ses craintes se dissipèrent, lorsqu'il vit le conquérant implorer sa justice. Et pour lui faire oublier son ingratitude passée, il le reçut dans l'ordre de Saint-Jacques et lui donna le titre de marquis del Valle de Guaxula, ainsi que la propriété d'un grand territoire dans la Nouvelle-Espagne. Mais tous ces titres, tous ces honneurs ne pouvaient fermer les yeux clairvoyants de Cortez; il devinait qu'on avait l'intention de le sacrifier, et qu'il allait perdre en pouvoir ce qu'il avait gagné en dignité. Il supplia son souverain de le réintégrer dans sa charge de capitaine général; mais Charles était convaincu qu'une fois rentré dans son gouvernement et possesseur d'une autorité désormais sans contrôle, Cortez donnerait carrière à son ambition. Il persista donc dans son idée de le garder en Espagne. Ni la généreuse conduite de Cortez ni les assurances d'une fidélité déjà éprouvée ne purent diminuer ses jalouses appréhensions, justifiées en quelque sorte par les mérites du conquérant et par la popularité dont il jouissait. Enfin, après deux années de sollicitations, Cortez consentit à une transaction : on lui laissa le commandement des troupes avec le droit de tenter de nouvelles découvertes, et toute l'administration civile fut donnée à un conseil appelé *audience de la Nouvelle-Espagne*

Cortez retourna à Mexico en 1530, emportant avec lui le regret de ses espérances déçues. Il prévoyait que la division de pouvoirs serait une source intarissable de dissensions entre les courtisans chargés du pouvoir civil et les vétérans de la conquête. Ce fut, en effet, ce qui arriva. Cependant Cortez, ne pouvant contenir sa bouillante activité, courut à de nouvelles conquêtes, et, après avoir essuyé des dangers de toute espèce, il découvrit la grande péninsule de la Californie, et reconnut la plus grande partie du golfe qui la sépare de la Nouvelle-Espagne, et qui porte encore le nom de *Cortez*. Cette découverte augmenta considérablement les possessions espagnoles, mais ne changea rien à la position du général, qui devint intolérable. Aigri par l'opposition constante qu'on lui faisait et humilié du peu d'égards qu'on lui témoignait dans un pays dont la conquête lui était due, il retourna en Espagne (1540). Il ne s'y montra pas avec la pompe qu'il avait déployée dans son premier voyage, mais comme un homme dont la fortune a subi un grand changement. Quoiqu'il ne s'attendît pas à un accueil bien amical de la part de l'empereur, il était loin de prévoir que ses services étaient déjà oubliés. La réception qu'on lui fit fut froide; les ministres et les courtisans le traitèrent même avec insolence. En agissant ainsi, ils servaient, disaient-ils, les intérêts de leur roi. Cortez n'était plus à leurs yeux qu'un homme trop âgé pour être encore utile; il n'était plus favorisé de la fortune. Sa gloire était éclipsée par celle des nouvelles conquêtes, plus récentes et plus importantes, faites dans l'Amérique du Sud. Pizarre et Almagro, en découvrant le Pérou, avaient procuré à l'Espagne une source intarissable de richesses, et tous les esprits étaient occupés des événements qui se passaient dans cette autre partie du nouveau monde. Le temps était donc passé où Cortez pouvait réclamer un pouvoir qu'on n'avait pas osé lui refuser, tant qu'il avait paru nécessaire ; mais Charles-Quint, n'ayant plus rien à attendre de Cortez, n'avait plus rien à lui accorder. Tels furent les motifs allégués par les ministres pour repousser les justes demandes du général, qui ne put obtenir d'être réintégré dans son gouvernement. On raconte qu'un jour, perçant la foule pour s'approcher de la voiture de l'empereur, il l'entendit, feignant de ne pas le connaître, demander tout haut quel était cet homme. « Dites à l'empereur, repartit Cortez, que cet homme lui a donné plus de royaumes que ses pères ne lui ont laissé de villes. » La réponse était fière, mais elle n'était pas de nature à lui attirer les bonnes grâces de Charles-Quint ; il ne les recouvra plus.

Après sept années d'une existence humiliante, l'ingratitude brisa ce noble cœur et abrégea une vie déjà épuisée par les fatigues. Cortez mourut le 2 décembre de l'année 1547, à l'âge de soixante-deux ans. L'envie expira sur sa tombe ; on lui fit des funérailles magnifiques, et ses restes, transportés à Mexico, furent placés dans une chapelle de l'hôpital de Jésus qu'il avait fait construire. Cortez laissa un fils, qui succéda à ses titres ; mais à la quatrième génération le nom de Cortez s'éteignit, faute de descendants mâles.

La vie de Cortez est une suite d'événements extraordinaires et glorieux. Son habileté, son courage, sa grandeur d'âme et sa gigantesque expédition du Mexique entourent sa vie d'une auréole de gloire que rien ne peut ternir. Et cependant quelle fut la récompense d'un mérite si éminent, de si grands et si éclatants services ? L'ingratitude et le dédain. Charles-Quint traita Cortez comme Ferdinand le Catholique avait traité Christophe

Colomb. Tous les deux furent repoussés par ces rois, qui, par de vains motifs de crainte et de jalousie, n'osèrent pas confier à ces hommes supérieurs l'exercice d'un pouvoir donton redoutait l'emploi dans leurs mains. Ces hommes, cependant, n'en avaient jamais fait usage que pour la gloire de leur pays et l'honneur de leur souverain. Mais si Cortez et Colomb ont été victimes de l'ingratitude royale, la postérité s'est chargée de leur rendre justice et les a placés au premier rang parmi les grands hommes dont s'honore l'Espagne.

Après avoir rendu un juste tribut d'hommage à Fernand Cortez, nous devons en payer un bien mérité aux illustres missionnaires qui, pendant toutes les conquêtes des Espagnols dans le nouveau monde, se trouvent partout à la suite des guerriers, non pour porter comme eux la guerre et la désolation, mais pour être de véritables messagers de paix et de consolation. Dès le commencement des découvertes en Amérique, des religieux de l'ordre des Franciscains et de celui des Dominicains passèrent aux Indes et y répandirent la connaissance du christianisme. Partout ils renversaient les idoles et les remplaçaient par des temples au vrai Dieu. Du fond de ces asiles sacrés s'élevaient sans cesse des voix courageuses qui rappelaient aux conquérants les devoirs de la morale et de l'humanité qu'ils transgressaient souvent. Lorsque Fernand Cortez partit pour découvrir le Mexique, on lui donna pour missionnaire de l'expédition Bartholomeo de Olmedo, religieux de la Merci. Nous avons vu ce premier apôtre de la Nouvelle-Espagne prêcher partout Jésus crucifié et planter l'étendard du Christ. Apôtre bienveillant et éclairé, Olmedo savait au besoin modérer le zèle quelquefois trop ardent et peu éclairé de Cortez, qui voulait employer la violence pour convertir les Indiens. Olmedo soutenait avec une sainte fermeté que la foi n'entre pas dans les âmes à l'aide de l'épée, mais de la parole et de la conviction. Cortez, reconnaissant tout ce que pouvait la douce influence des missionnaires, en réclama en Europe, et en 1520 il en arriva douze à Mexico. Leur premier soin fut de fonder des écoles pour les garçons et des couvents de Clarisses pour les filles. Le nombre des enfants qui y étaient instruits fut bientôt considérable, et en peu d'années sept millions d'indigènes furent baptisés. En considérant tout ce qu'avait de barbare le culte aztèque qui ordonnait les sacrifices humains et permettait le cannibalisme, on doit regarder la propagation de la foi par les missionnaires comme une œuvre éminemment sainte et méritoire. Et quelles qu'aient été pour les Indiens les conséquences de l'invasion étrangère, on doit reconnaître qu'elle a été un bienfait de la Providence, puisqu'elle a arraché cette contrée à ses abominables et cruelles superstitions.

CHAPITRE IX.

LE MEXIQUE SOUS LA DOMINATION ESPAGNOLE. — GUERRE DE L'INDÉPENDANCE.

Cette belle partie du monde occidental, désignée alors en général sous le nom de Nouvelle-Espagne, embrassait les intendances de Guanaxuato, de Valladolid, de Mexico, de Puebla, de Vera-Cruz, d'Oaxaca et de Mérida. Cortez avait, dans son testament, déclaré positivement qu'il était nécessaire de se montrer doux, équitable envers les peuples vaincus. Mais les vice-rois envoyés par l'Espagne se firent bientôt un jeu de la violation des lois. L'immense espace qui les séparait de la métropole était pour eux une sauvegarde assurée. Ils exerçaient un pouvoir absolu, ne s'occupaient que des moyens d'amasser des richesses, afin d'étaler, à leur retour en Europe, un luxe acquis au prix du sang, indien. De cent soixante-dix vice-rois qui se sont succédé en Amérique, un seul n'était pas Espagnol ; encore avait-il été élevé à la cour d'Espagne ; et c'est à peine si l'on peut en citer un dont l'administration ait été plus douce et moins coupable. A la conquête succéda donc la tyrannie sous toutes les formes. Les malheureux Indiens furent réduits en esclavage et partagés entre les Espagnols comme un vil troupeau. D'après cette loi de répartition, on arracha le cultivateur au sol pour le traîner dans les montagnes où commençait l'exploitation des mines. Un grand nombre de ces malheureux, manquant de nourriture et de repos, étaient souvent obligés de suivre les armées et de porter, par des chemins difficiles, des fardeaux qui excédaient leurs forces. Toute propriété indienne, soit mobilière, soit foncière, fut regardée comme appartenant aux vainqueurs. La race opprimée périssait par milliers sous la verge de fer de ses bourreaux. Les Indiens trouvèrent un zélé défenseur dans Barthélemi de Las Casas, la plus sublime personnification de la charité chrétienne à cette époque. Le rôle apostolique qu'il remplit alors et la part immense qu'il eut à la conversion des peuples de l'Amérique nous imposent le devoir de dire quelques mots de la vie d'un homme dont le nom est resté populaire et béni dans le nouveau monde.

Barthélemi de Las Casas naquit à Séville en 1474. Sa famille était originaire de France, et il en existe encore une branche d'où descendait le comte de Las Cases, compagnon et historien de l'exil de Napoléon à Sainte-Hélène. Barthélemi n'avait que dix-neuf ans lorsqu'il suivit son père, qui accompagna Christophe Colomb à son second voyage en Amérique. Témoin des excès de ses compatriotes, le jeune Las Casas conçut le projet de les réprimer. De retour en Espagne, il entra dans les ordres sacrés, et revint en Amérique protéger les Indiens de son saint caractère. Après plusieurs années passées au milieu de périls et de fatigues de tous genres, Las Casas, qui avait tenté vainement d'adoucir la férocité des Espagnols et d'arrêter leurs exactions, prit le parti de les attaquer ouvertement. Il leur reprocha avec énergie le crime dont ils se rendaient coupables devant Dieu et devant les hommes, puis il déclara libres un certain nombre d'Indiens qui lui avaient été attribués au *repartimento*. Cet exemple, loin de trouver des imitateurs, ne fit qu'exciter les haines contre lui; sa vie fut menacée. Mais il n'en continua pas moins de consoler les opprimés, de les secourir, de réclamer pour eux l'exécution des lois, et de braver la colère des vainqueurs. Il fatiguait la cour de Madrid de ses réclamations et de ses suppliques. Les malheureux Indiens, qui n'avaient d'espérance qu'en lui, le respectaient comme un être au-dessus de l'humanité ; son nom fut bientôt connu dans toutes les îles et sur le continent. Voyant que sa voix n'était point écoutée des représentants de l'autorité royale, il se rendit en Espagne, dans l'espoir d'ouvrir les yeux du roi sur l'état des choses. Il obtint l'institution du *tribunal des Indes*, composé de magistrats spécialement chargés de réprimer les excès des conquérants, et lui-même reçut le titre officiel de protecteur des Indiens. A son retour en Amérique, il obtint la liberté de quelques naturels; mais les commissaires finirent par déclarer que l'abolition de l'esclavage était impossible. Ce fut en vain que Las Casas s'éleva contre cette décision, il ne put rien obtenir ; et ses jours étant sans cesse menacés, il se retira pendant quelque temps dans le couvent d'Hispaniola, où il prit l'habit de Dominicain en 1521.

Toujours occupé du triste sort des opprimés, il passa de nouveau en Espagne; ses démarches n'eurent aucun résultat.

Alors il écrivit sa *Brève Relation de la destruction des Indiens*, un des livres les plus curieux qui aient été publiés sur le nouveau monde. Il terminait cette relation par un appel touchant à la compassion pour l'humanité opprimée, et laissait voir la terrible responsabilité qui pèserait sur l'Espagne, si elle continuait de commettre tant de cruautés. Cet éloquent plaidoyer fut à peine écouté; on se contenta de nommer Las Casas évêque de Chiapa, au Mexique. Il s'y rendit et continua de protéger les malheureux auxquels il avait voué sa vie. Des Espagnols, pour essayer de voiler aux yeux du monde tout l'odieux de leur conduite, imaginèrent d'établir en principe que les Indiens n'étaient pas des hommes, mais des êtres privés d'une âme raisonnable et intelligente, et qu'alors il était licite de les traiter comme des brutes. A cette odieuse interprétation, un cri d'indignation s'éleva parmi les missionnaires. Mais nul ne se fit entendre avec plus de force que Las Casas, qu'on pourrait appeler à juste titre le saint Vincent de Paul des Indes. Cet homme de Dieu adressa au pape un mémoire, pour lui faire connaître les mœurs, la langue, la religion des Américains. Il y prouvait que ces peuples étaient en état de comprendre les vérités du christianisme, et par conséquent de recevoir le baptême.

Le souverain pontife se rangea parmi les défenseurs des malheureux opprimés, et déclara formellement qu'on ne pouvait, sans violer les lois divines et les lois humaines, priver ces peuples de leur liberté et de leurs biens.

De Mexico, Las Casas alla évangéliser tous les pays voisins, et, après avoir passé soixante-six ans dans les travaux d'un apostolat rude et difficile, il donna sa démission d'évêque de Chiapa, et se retira en Espagne, où il vécut dans la retraite, sans abandonner cependant la cause des Indiens, qu'il ne cessa de défendre jusqu'à son dernier soupir. Il mourut à Madrid en 1566, à l'âge de quatre-vingt-quatorze ans. Las Casas avait traversé quatorze fois les mers qui séparent les deux continents; il avait parcouru plus souvent encore les vastes régions du nouveau monde, dans toutes les directions, et couru de grands dangers. Aussi ne peut-on s'empêcher de reconnaître dans ce saint missionnaire une de ces âmes sublimes dévorées de l'amour de Dieu et du prochain, et que le ciel envoie de temps en temps sur la terre pour y remplir quelque grande et importante mission.

La population de la Nouvelle-Espagne était divisée en trois classes d'hommes; les blancs ou Espagnols, les Indiens et les castes.

Les Espagnols formaient environ la dixième partie de la masse totale; c'était entre leurs mains que se trouvaient presque toutes les propriétés, les richesses du royaume et les emplois. Les Indiens, en général esclaves, payaient un tribut et avaient des maîtres désignés par l'Espagne. On appelait castes les classes de sang mêlé, provenant principalement du mélange des Indiens et des blancs, ou des nègres avec les deux autres races. Leur sort n'était pas meilleur que celui des Indiens; ils payaient comme eux le tribut. Cet impôt leur imprimait une tache ineffaçable, considérée comme une marque d'esclavage, et qui se transmettait aux générations les plus éloignées. Les blancs *créoles*, c'est-à-dire ceux qui étaient nés dans le pays, étaient exclus des emplois politiques, administratifs et judiciaires. Le gouvernement accordait une préférence absolue aux Espagnols proprement dits, et les enfants de ceux-ci étaient repoussés de la caste de leur père, lorsqu'ils avaient vu le jour au Mexique. Cette loi, contre nature, séparait les enfants du père, le frère du frère, par cela seul que l'un était né en Espagne et l'autre au Mexique. La politique du gouvernement espagnol était de désunir pour régner, d'entretenir les distinctions entre les différentes classes, de contenir et d'enchaîner les intelligences, de parquer l'homme dans l'enceinte étroite de son individualité solitaire où il est nécessairement faible, en interdisant l'usage de l'association, de centraliser le pouvoir de sorte que l'exercice entier en fût réservé aux agents directs de la métropole. Il avait pour règle de tenir les colonies isolées les unes des autres, de peur qu'elles ne cherchassent dans un effort commun la chance de respirer plus librement. Les Espagnols défendaient l'entrée des possessions américaines à tout Européen qui n'était pas né dans la Péninsule. Les mots d'Européen et d'Espagnol étaient synonymes au Mexique, parce qu'on avait persuadé aux Mexicains que la France, l'Angleterre, l'Allemagne, étaient des provinces de cet empire *imaginaire* d'Espagne. Cette croyance était générale au Mexique.

Les créoles semblaient résignés à cette absence de toute action sur le gouvernement et l'administration de leur patrie. Y prendre part était un bien qu'ils ne revendiquaient pas, parce qu'il leur était inconnu. On les tenait étrangers au reste du monde. Le gouvernement ne laissait pas pénétrer dans les colonies les ouvrages qui auraient pu initier les colons aux mœurs, à la littérature et aux arts de l'Europe. Il s'efforçait d'étouffer les dispositions naturelles des Indiens, et l'instruction qu'on donnait dans les colléges était fort restreinte. L'étude de l'histoire, à l'exception de celle d'Espagne, était interdite. Le despotisme de la cour de Madrid exerçait sur le commerce et l'agriculture la plus fatale influence. On avait assuré le monopole des transactions à quelques marchands de Cadix, dont les exactions surpassaient toute idée. Il n'y avait point d'industrie, à peine quelques manufactures sans activité, mais d'énormes impôts qui rendaient les denrées étrangères inaccessibles aux classes les plus aisées. Tout autre commerce que celui avec l'Espagne était prohibé. Pour assurer le débit des vins et des eaux-de-vie de la métropole, on défendait aux créoles de fabriquer ces produits. La culture de l'olivier et de la vigne, l'éducation des vers à soie étaient interdites sous des peines sévères. Le tabac, un des produits les plus nécessaires à la consommation du pays, était soumis au monopole de l'Espagne. Néanmoins les créoles s'enrichissaient par l'exploitation des mines et se livraient aux plaisirs. On satisfaisait leur vanité par des flatteries. Des titres de noblesse étaient accordés à ceux qui faisaient une grande fortune. On répandait en grande quantité une autre distinction qui était lucrative pour le trésor ou pour la caisse particulière des vice-rois : c'étaient des brevets d'officier de milice que les hommes enrichis s'estimaient heureux de payer cher. Dans beaucoup de petites villes, tous les négociants étaient transformés en colonels et en capitaines, que l'on voyait en grand uniforme, assis gravement dans leurs boutiques, pesant dans cette tenue le sucre, le café ou la vanille ; mélange singulier d'ostentation et de simplicité de mœurs.

Malgré la protection apparente que la cour de Madrid accordait aux colonies, le sort de la plupart des Indiens restait si misérable au moral comme au physique, qu'il y avait lieu de présumer que cette race pourrait bien, à un moment donné, se soulever et se porter à tous les excès qu'un ressentiment longtemps comprimé peut inspirer à un peuple qu'on a tenu en dehors des bienfaits et des lumières de la civilisation. Il devenait chaque jour de plus en plus important d'améliorer la condition des Indiens. En 1799, un vénérable prélat, l'évêque de Michoacan, adressa au roi d'Espagne un mémoire sur l'état déplorable des Indiens et des castes. Les abus y étaient dévoilés, et de grands malheurs pour l'avenir y étaient prédits avec une sinistre clarté. « Quel attachement, disait-il, peut avoir pour le gouvernement l'Indien méprisé, avili, presque sans propriété et sans espoir d'améliorer son existence ? Il est attaché à la vie sociale par un lien qui ne lui offre aucun avantage. Qu'on ne dise point à Votre Majesté que la crainte seule du châtiment doit suffire pour conserver la tranquillité dans ces pays. Il faut d'autres motifs ; il en faut de plus puissants. Si l'Espagne ne s'occupe pas du sort des Indiens et des gens de couleur, l'influence du clergé, quelque grande qu'elle soit sur le cœur de ces malheureux, ne le sera pas assez pour les tenir dans la soumission et dans le respect dus à leur souverain. »

L'avertissement donné à la couronne d'Espagne par

ce vénérable prélat n'était pas à dédaigner; ses craintes étaient fondées, et le moment n'était pas éloigné où la Péninsule allait perdre les importantes conquêtes de Fernand Cortez.

En 1783, un grand événement s'était passé à la porte du Mexique : l'indépendance reconnue des colonies continentales de l'Angleterre. Le retentissement de cette nouvelle frappa les oreilles des créoles mexicains, et ouvrit à leur imagination des perspectives qu'ils ne connaissaient pas encore. Plus tard, la prospérite croissante des États-Unis, le rôle qu'ils commencèrent à jouer dans le monde, leur donnèrent encore plus sujet de réfléchir. Ils recherchèrent des livres européens; et comme l'argent ne leur manquait pas, ils s'en procurèrent, malgré la surveillance dont ils étaient entourés, et s'assimilèrent le mal comme le bien. La révolution française de 1789 causa au Mexique, comme en tous lieux, une vive émotion. Les créoles se firent alors une idée plus ou moins juste de leurs droits et inclinèrent vers des innovations politiques. Les autorités espagnoles du Mexique furent alarmées de cette disposition nouvelle des esprits; elles crurent voir le germe de la révolte dans toutes les associations qui avaient pour but de répandre la lumière et peut-être aussi l'erreur. On prohiba dans plusieurs villes l'établissement des imprimeries. On considéra comme suspects d'idées révolutionnaires tous les citoyens qui lisaient secrètement les livres interdits, et l'on punissait tous les individus qui, par la voie du commerce, se procuraient des journaux français. Ce ne fut que par des mesures sévères que l'on parvint pendant quelques années à contenir la fermentation qui agitait tous les esprits.

La guerre éclata entre la France et l'Espagne en 1808. Cette guerre, une des plus injustes que Napoléon ait faites, allait du même coup opprimer l'Espagne et délivrer le Mexique du joug étranger. Tandis que l'Europe n'était préoccupée que de la violence faite au roi Ferdinand VII, et condamnait cet acte, le nouveau monde y applaudissait. Une justice supérieure semblait vouloir châtier la Péninsule de sa dureté envers ses colonies, en les lui enlevant, et en lui faisant subir toutes les conséquences d'une inique invasion.

Le 8 juillet 1808, une corvette expédiée de Cadix porta au Mexique les journaux français contenant le récit des événements qui plaçaient la couronne d'Espagne sur la tête de Joseph Bonaparte. Le vice-roi, don Josué Iturrigaray, qui gouvernait à cette époque, s'alarma des dangers qui menaçaient les colonies. Pour prévenir les tristes conséquences qui pourraient résulter des divisions entre les créoles et les Européens, il convoqua une junte composée des députés de toutes les provinces et des principaux magistrats. Les Mexicains applaudirent à cette sage mesure; mais les Espagnols, qui se considéraient comme les maîtres exclusifs du pays, s'émurent à l'idée d'une junte nationale qui donnerait aux créoles des droits politiques égaux à ceux dont ils jouissaient eux-mêmes; ils furent saisis d'indignation, comme si c'eût été le renversement des lois divines et humaines, et ils ne reculèrent pas devant une insurrection. Ils s'armèrent, et, s'emparant à l'improviste du vice-roi et de sa famille, ils les embarquèrent sur un vaisseau qui les remit entre les mains de la junte de Cadix. Leur proclamation annonça au peuple qu'Iturrigaray était coupable d'hérésie. Les créoles et les Indiens apprirent ce coup de main avec indignation ; car ils aimaient Iturrigaray, dont l'administration douce et équitable avait conquis leur affection. Diverses exactions ordonnées par les conspirateurs accrurent progressivement l'exaspération générale. Arriva bientôt au Mexique le successeur d'Iturrigaray, le général Vénégas. Il adopta le principe suivi jusqu'alors par les Espagnols, il repoussa les créoles et les Indiens. Dès ce moment eut lieu une rupture complète entre les deux partis. Celui des Espagnols fut désigné sous le nom de *Gachupines*, et celui des Mexicains indépendants sous le titre de *Guadalupes*. Les anciens ressentiments se réveillèrent; ils firent une explosion d'autant plus redoutable qu'elle avait été plus tardive. Une vaste conspiration, dont les principaux membres étaient des prêtres et des légistes, étendit ses ramifications sur tout le Mexique. A la tête était un moine créole, très-aimé des Indiens, Michel Hidalgo, curé de Dolorès, village au-dessous de Guanaxuato. Il appela aux armes, sous la bannière de la vierge de Guadalupe, arborée comme le drapeau de la délivrance, tous les opprimés de la Nouvelle-Espagne ; le tocsin de l'indépendance résonna de vallée en vallée, et en peu de jours cent mille combattants se levèrent comme un seul homme en face des *consquitadores*.

Hidalgo marcha de triomphe en triomphe. La ville de Guanaxuato, centre des plus riches mines du Mexique, fut prise et mise au pillage. Mais les excès auxquels se livrèrent les troupes du moine-soldat, et qu'il paraissait tolérer, détachèrent insensiblement de sa cause une foule de créoles. Vénégas profita habilement de cette disposition ; il arma l'autorité religieuse contre les insurgés, qui furent proclamés hérétiques. Hidalgo opposa en vain à ses adversaires une bravoure extraordinaire; le général royaliste Calléja remporta sur lui une victoire complète ; et bientôt une suite de défaites détruisit l'armée insurrectionnelle. Le général vainqueur surpassa les Indiens en cruautés; le récit des supplices qu'il ordonna fait frémir, et le nom de Calléja est encore, de nos jours, en exécration au Mexique. Hidalgo, fait prisonnier, fut fusillé le 27 juillet 1811. Il mourut avec un courage héroïque, et en donnant des signes d'une grande piété. Il avait l'intime conviction qu'en soulevant les masses, comme il l'avait fait, il avait servi l'humanité.

Malgré ce revers, la cause de l'indépendance n'était pas perdue. L'insurrection se ranima sous l'impulsion énergique du curé Morelos. Elle s'étendit, avec la rapidité d'un incendie qu'excite un vent violent, à un grand nombre de provinces; des chefs intrépides surgirent presque de toutes parts; mais tous reconnurent l'autorité du curé généralissime. Morelos justifia l'élection de ses compagnons d'armes par son activité, son énergie et sa valeur. Dans plusieurs rencontres importantes, lui et ses lieutenants firent éprouver à l'armée espagnole des pertes considérables. Plus éclairé qu'Hidalgo, Morelos ne songea pas uniquement à vaincre ; il s'appliqua aussi à constituer son pays. Il convoqua un congrès composé de quarante membres. Un manifeste et une constitution, œuvres de la junte de Zitlaltépec, parurent en 1812; elle instituait le Mexique, gouvernement lié à l'Espagne, sans toutefois en dépendre. Cette proclamation provoqua une explosion de colère de la part des autorités espagnoles. Calléja, alors vice-roi, fit brûler la constitution sur la place de Mexico, ordonna que la même chose eût lieu dans toutes les capitales des provinces, et décréta les peines les plus sévères contre tous ceux qui répandraient ou conserveraient des exemplaires de cette œuvre des rebelles.

Cependant, après bien des succès, et contre toute attente, la fortune abandonna encore les insurgés, et Morelos, attaqué par des forces supérieures aux siennes, fut fait prisonnier et conduit à Mexico. Les membres du clergé accoururent à sa prison, et obtinrent de lui la déclaration publique de sa rébellion. En retour, on obtint pour lui la faveur de n'être point mutilé. Accusé d'hérésie, il se justifia; mais il fut dégradé pour s'être marié, et fut condamné à mort comme rebelle. L'intérêt qu'il avait su inspirer à la majeure partie de la population donnait de vives appréhensions; on n'osa point l'exécuter à Mexico; il fut envoyé à six lieues de cette ville, à San-Christoval, où il fut fusillé.

Après la défaite de Morelos, la discorde s'introduisit parmi les chefs des révoltés. Les défections commencèrent. L'insurrection, harcelée de toutes parts, alla enfin se cacher dans les repaires les plus tristes des montagnes de l'Est et de l'Ouest. C'est là que se réfugièrent Guadaloupe, Vittoria et Guerrero, fidèles partisans de l'indépendance. Seuls, ils refusèrent avec dédain l'amnistie qui leur était offerte, et attendirent avec constance le moment de renouveler leurs efforts généreux, de réparer les fautes d'un peuple sans expérience, et de le délivrer de ses oppresseurs.

CHAPITRE X.

EMPIRE MEXICAIN. — RÉPUBLIQUE MEXICAINE.

Ferdinand VII était remonté sur le trône d'Espagne, à la suite des événements qui avaient agité l'Europe en 1814 et en 1815. A peine rentré dans ses États, il abolit au Mexique la constitution qui y avait été introduite par la volonté expresse des cortès de Cadix, et qui avait étendu les droits des créoles. Le vice-roi fut armé de nouveau de tous les pouvoirs du gouvernement absolu, mais il proclama une amnistie générale. Presque tous les indépendants en profitèrent, sans que leur cœur renonçât à cette liberté qui était devenue leur passion dominante. La métropole put cependant croire que son autorité était définitivement rétablie et que le pays était pacifié. En septembre 1816, Ferdinand VII remplaça le vice-roi Calléja par don Juan Ruiz de Apodaca, qui se montra modéré et bienveillant et obtint la soumission de beaucoup de chefs. Dans la joie que lui causaient ces succès, il écrivit à Madrid que la révolution était définitivement vaincue. Il se trompait; il ne fallait qu'une occasion pour que l'esprit d'indépendance fît une nouvelle explosion.

Plusieurs tentatives d'insurrection eurent lieu. Il y en eut une d'un caractère grave : c'est celle du *jeune Mina*, qu'on nommait ainsi pour le distinguer de son oncle, le fameux Espoz y Mina, si connu par son intrépidité et son intelligence dans la guerre des guérillas. Lorsque Ferdinand VII eut remplacé la constitution des cortès par le gouvernement absolu, le jeune Mina, plein d'enthousiasme pour les idées libérales, fut obligé de s'exiler. Il conçut alors le hardi dessein d'attaquer l'autorité du roi qui l'avait banni, en conquérant au régime constitutionnel le plus beau fleuron de sa couronne d'outre-mer, le Mexique. Renouvelant la tentative de Fernand Cortez, il vint débarquer, le 15 avril 1817, dans un petit port du Nord, avec une poignée d'aventuriers de toutes les nations. Il obtint d'abord des succès merveilleux. Il osa attaquer Guanaxuato, qui capitula ; toute la population accueillit les insurgés avec le plus vif enthousiasme, et un grand nombre de citoyens vint grossir la petite armée de Mina. Le vice-roi Apodaca trembla pour la capitale. Mais Mina se trouva bientôt dans une position bien critique. Ses communications avec la mer furent coupées ; peu appuyé par les chefs indépendants, toutes ses ressources ne consistèrent plus que dans sa témérité. Peut-être aurait-il pu vaincre toutes les difficultés, si la trahison ne fût venue en aide aux royalistes. Ceux-ci, avertis qu'il s'était éloigné de son camp avec une faible escorte, l'attaquèrent à l'improviste. Mina et ses compagnons firent une résistance désespérée; cinq seulement furent pris vivants. Après avoir combattu avec un courage héroïque, Mina, renversé de son cheval et couvert de blessures, fut pris les armes à la main. Quelques jours après, au commencement de novembre 1817, il fut fusillé; il n'avait que vingt-huit ans. Sa fin tragique amena la dispersion de son armée; mais plusieurs autres chefs tenaient la campagne et combattaient avec des succès divers. Les principes de la révolution faisaient insensiblement de nouveaux progrès, et tandis qu'elle luttait les armes à la main, elle pénétrait profondément dans les esprits. Enfin, en 1821, une formidable insurrection décida du sort du Mexique.

Le signal partit d'Espagne. Le 1er janvier 1820, éclata dans l'île de Léon un mouvement dont le but était d'obtenir le rétablissement de la constitution de 1812. Peu de temps après, cette constitution fut rétablie, et par cela même elle devait l'être aux colonies. Le vice-roi Apodaca consentit avec répugnance à la remettre en activité; il dut cependant se soumettre; mais ce ne fut qu'en apparence. Aussi, sous le prétexte de détruire les restes des corps indépendants qui tenaient encore dans les montagnes du Sud, sous les ordres de Guerrero, Apodaca rassembla des troupes et mit à leur tête un officier sur lequel il croyait pouvoir compter, don Augustin Iturbide. Il était créole et avait donné des gages multipliés de fidélité à la cause de la mère-patrie, pendant le cours de la guerre contre Hidalgo et contre Morelos. Mais les événements de 1820 avaient fort ébranlé Iturbide ; aussi, dès qu'il eut rejoint les insurgés, au lieu de les combattre, il passa dans leurs rangs. On l'accueillit avec enthousiasme ; il se vit bientôt à la tête d'une armée nombreuse, et, par l'ascendant de son intelligence, il acquit sur tous les autres chefs une autorité absolue. La victoire ne le servit pas moins que les divisions qui survinrent entre les royalistes. Le vice-roi Apodaca fut déposé par ses propres soldats, qui élurent à sa place Novella. La révolution opérée dans l'île de Léon, et qui avait introduit dans la Péninsule un gouvernement populaire, exerçait sur le sort des Américains une influence sensible. Le général O'Donoja, nommé vice-roi du Mexique, y arriva pénétré de l'idée qu'il était impossible de conserver les colonies et qu'un accord était désirable dans l'intérêt des deux partis. Il conclut à Cordova un traité avec Iturbide, qui, jetant le masque, s'intitula le *général en chef de l'armée impériale.* Iturbide entra dans Mexico, qui lui fut livré par O'Donoja. La municipalité vint lui offrir les clefs de la ville. Une junte provisoire fut installée et nomma une régence de l'empire. Iturbide, dont les projets ne laissaient plus aucun doute, prêta serment et fut nommé général de terre et de mer de l'empire du Mexique. Mais bientôt l'homme qui avait servi d'instrument à Iturbide, O'Donoja, disparut de la scène ; il mourut subitement, et personne ne douta du genre de mort qui avait terminé si mystérieusement sa vie.

Les cortès d'Espagne n'ayant pas osé ratifier le traité de Cordova, la régence profita de cette circonstance pour s'emparer du droit de fonder un empire indépendant de l'Espagne. Elle décerna la couronne à Iturbide, qui se hâta de saisir le pouvoir, sans s'effrayer des oppositions hostiles qui allaient s'élever contre lui. Il se fit couronner, ainsi que l'impératrice, avec une pompe extraordinaire; mais quelques mois s'étaient à peine écoulés, que le nouveau trône tremblait déjà sur ses fondements. L'empereur opposa à ses adversaires la rigueur et les supplices. Il ordonna plusieurs exécutions; le congrès, dont une partie des membres lui était hostile, fut dissous; une junte choisie parmi les créatures d'Iturbide remplaça cette autorité nationale. Mais au moment où l'empereur croyait que la terreur étouffait l'esprit de révolte et de liberté, Santa-Anna, gouverneur de la Vera-Cruz, leva l'étendard de la rébellion, proclama la république et dénonça l'empereur comme un usurpateur et un tyran. La guerre civile fut rallumée; on se battit avec opiniâtreté. Iturbide, après avoir remporté quelques succès, fut complétement défait. Santa-Anna exigea de lui l'abdication d'un pouvoir incompatible avec les libertés publiques. Le congrès annonça dans un manifeste qu'Augustin Iturbide, convaincu de conspiration, avait imploré la clémence d'une nation magnanime qui lui pardonnait ses crimes et l'exilait dans une contrée lointaine. Au mois de mai 1823, une frégate anglaise emporta vers l'Europe l'empereur déchu et sa famille.

La domination espagnole repoussée, l'empire établi par Iturbide renversé, le congrès proclama la république, dont la forme fut démocratique, représentative et fédérative, et les institutions à peu près semblables à celles des États-Unis d'Amérique. L'État confédéré du Mexique fut, d'après cette constitution, composé des provinces comprises dans la vice-royauté, nommée Nouvelle-Espagne, de la capitainerie générale du Yucatan et des provinces intérieures occidentales et orientales. La religion catholique fut proclamée religion d'État, et l'on procéda à l'élection d'un président. Les généraux don Guadalupe, Vittoria, Guerrero, Bravo, Téran, Santa-Anna et Bustamente, qui s'étaient distingués dans la guerre de l'indépendance, avaient des titres égaux à la présidence. Ce fut Vittoria qui l'emporta. Le général Coppinger tenait encore, pour l'Espagne, le fort de Saint-Jean-d'Ulloa ; le 26 novembre 1825, Vittoria le détermina à capituler devant les forces américaines. Le président put alors dire à ses concitoyens : « Je vous annonce que l'étendard de Castille, après avoir flotté trois cent quatre ans sur tout le Mexique, a disparu totalement de nos côtes. » L'Espagne tenta cependant, en 1829, un dernier effort pour reconquérir le Mexique. Mais l'expédition, mal combinée et mal conduite, n'aboutit qu'à prouver à la Péninsule que désormais cette vice-royauté était perdue pour elle sans retour.

Un nouveau peuple venait donc de surgir dans l'histoire. Tout sembla d'abord favoriser la nouvelle république : les puissances européennes la reconnurent et y envoyèrent des chargés d'affaires. Les finances se relevèrent, et l'on concevait les plus heureuses espérances pour l'avenir. Mais tout ce bien-être ne fut qu'illusoire, et bientôt la nouvelle république n'offrit plus que le spectacle de l'anarchie la plus complète. L'absence de sécurité pour les propriétés et pour les personnes ; les engagements de l'État violés ; l'industrie languissante ou anéantie ; les routes régulièrement exploitées par les brigands ; le moral de la nation affaissé ; enfin, une corruption générale dans l'administration et dans la justice, tel est le tableau qu'a présenté la république du Mexique depuis son établissement. Les présidents auxquels le pouvoir a été confié jusqu'à nos jours, se sont renversés les uns les autres et se sont succédé avec rapidité. On a vu successivement revêtus de ce titre : Vittoria, Pedrazza, Guerrero, Bustamente, Santa-Anna.

Le pouvoir était entre les mains de ce dernier en 1834, lorsqu'une province du Mexique, le Texas, l'Andalousie du nouveau monde, se souleva, protesta contre les institutions fédérales et se déclara indépendante. Santa-Anna se porta sur le lieu de l'insurrection. Ses premières opérations furent heureuses ; quelques places, occupées par les insurgés, tombèrent en son pouvoir. Mais, surpris le 20 avril, sur le San-Jacinto, par le général texien Houston, il fut complétement battu et prit la fuite. Les Texiens le découvrirent plus tard, caché dans le feuillage d'un grand chêne ; arrêté et conduit devant Houston, Santa-Anna, pour avoir la vie sauve, ordonna à l'armée mexicaine de suspendre les hostilités et d'abandonner le Texas, à l'indépendance duquel on ne put plus s'opposer.

Pendant l'absence de Santa-Anna, le congrès procéda à la nomination d'un autre président. Le choix tomba sur Bustamente, qui se trouva de nouveau au pouvoir en 1836. Il eut la déception de voir, la même année, les États-Unis reconnaître l'indépendance du Texas. Il ne put que protester contre cet acte dans le sein de la représentation et à Washington ; mais ses protestations furent vaines ; la province était perdue sans retour pour le Mexique.

Bientôt les Mexicains eurent à soutenir une lutte non moins terrible. Cette fois ce n'était pas avec les puissances du nouveau monde, mais bien avec la France. Celle-ci avait depuis assez longtemps quelques différends avec le Mexique. Elle voulait absolument les terminer de gré ou de force ; et dans ce but, Charles X se disposait à diriger une expédition contre le Mexique, lorsque l'Espagne fit une dernière mais inutile tentative pour reconquérir ses colonies. Cette circonstance empêcha le roi de France d'agir en même temps pour les intérêts de la France. L'affaire fut ajournée. La révolution de 1830 arriva. Les Mexicains espérèrent que le nouveau gouvernement français reconnaîtrait promptement l'indépendance de la république, et que dès lors l'accord se rétablirait entre les deux nations. Il n'en fut pas ainsi. Les anciens griefs restaient sans satisfaction, et chaque année en voyait surgir de nouveaux. Ils se grossirent par le refus formel d'accorder les réparations et les indemnités que réclamait la France. Ne pouvant rien obtenir par la voie des négociations, le gouvernement français donna ordre à son ministre au Mexique, le baron Deffandis, de présenter son *ultimatum*, et, s'il n'était pas accepté, de se retirer à bord de l'escadre envoyée pour bloquer les ports du Mexique. Le président Bustamente déclara formellement que le contenu de l'ultimatum ne pouvait être pris en considération que lorsque les forces navales de la France auraient quitté les côtes. Ce fut le signal d'une rupture. Le baron Deffandis quitta Mexico, et le cabinet des Tuileries résolut une expédition contre le Mexique. Une escadre composée de plusieurs frégates fut mise aux ordres du contre-amiral Baudin, et le prince de Joinville fit partie de l'expédition comme commandant de la corvette *la Créole*. Le 1er septembre 1838, on fit voile de Brest à Cadix ; le 10, l'amiral fit paraître cet ordre du jour :

« Marins et soldats !

« Nous allons au Mexique. Depuis plusieurs années nos compatriotes établis dans ce pays ont été en butte à des vexations, à des outrages pour lesquels la France doit exiger réparation; si cette réparation n'est pas obtenue, nous aurons la guerre. Que chacun de vous s'y prépare donc de toutes ses forces; que tous vos exercices aient lieu dans la pensée du combat. Marins et soldats, redoublons d'activité, de bon ordre, de prompte obéissance : ce sont là les vrais éléments du succès.

« Pour tout ce qu'exigent l'honneur et la dignité de la France, je compte sur vous, comme vous pouvez compter sur moi. »

« Charles BAUDIN. »

Le 11 au matin, la flotte appareilla pour le Mexique. Le 20 octobre, elle jeta l'ancre sur la rade de la Havane. Après huit jours de relâche, elle appareilla de nouveau et continua sa route. Les négociations qui se poursuivaient n'amenant aucun résultat, les hostilités commencèrent. Le fort de Saint-Jean-d'Ulloa était considéré comme imprenable; les vaisseaux français ne pouvaient l'attaquer sans courir les plus grands dangers et sans s'exposer à une destruction inévitable. La ville de Vera-Cruz, défendue par la citadelle, était elle-même bien armée. Les Mexicains avaient juré de s'ensevelir sous ses ruines plutôt que de la rendre. Des barricades s'élevèrent dans toutes les rues; les églises, transformées en forteresses, reçurent des canons, et l'on posa des batteries jusque sur les clochers. Les prêtres, du haut de la chaire, appelèrent les citoyens aux armes, et tout annonça la résolution de soutenir la lutte jusqu'à la dernière extrémité. Néanmoins les premiers coups de canon partirent des bâtiments français. Ils furent dirigés avec force et sans interruption contre le fort. Un parlementaire mexicain vint demander une suspension d'hostilités pour relever les morts et les blessés. L'amiral, au lieu de la lui accorder, dicta une capitulation et ne donna que la nuit pour l'accepter. Le fort capitula le lendemain. Les pertes des Mexicains dépassaient quatre cents hommes, tués ou blessés, tandis que celles des Français ne s'élevaient qu'à cinq morts. A midi, l'artillerie de marine prit possession de la citadelle, et vers deux heures les couleurs de la France, saluées par les acclamations des équipages et par l'artillerie des bâtiments de l'escadre, s'élevèrent glorieusement du point où flottait la veille le drapeau mexicain.

La capitulation ayant été repoussée par le gouvernement mexicain, le général Santa-Anna, nommé commandant supérieur des troupes, entra dans la place avec une déclaration de guerre qu'il s'abstint de faire connaître aux Français répandus dans la ville. Le général Arista était aussi en marche à la tête de cinq mille hommes.

L'amiral Baudin, pour les surprendre, opéra pendant la nuit une descente. Le débarquement se fit sur trois colonnes. Celle du centre, formée des compagnies de la *Créole,* marcha sous la conduite du prince de Joinville. Le calme le plus profond régnait dans la ville. Un capitaine du génie en fit sauter la porte, et le jeune prince s'élança dans les rues au cri de *Vive le roi!* Le premier il pénétra dans la maison de Santa-Anna, en dépit d'une vive fusillade, et abattit à ses pieds un soldat qui voulait lui barrer le passage. On chercha vainement Santa-Anna dans ses appartements; mais le général Arista fut fait prisonnier avec son état-major. Les Mexicains surgirent en masse, mais les canons que l'amiral avait fait charger à mitraille les dispersèrent. Santa-Anna, qui se retrouva à la tête des combattants, fût blessé grièvement. Pendant ce temps, les Français s'étaient rembarqués et étaient déjà loin du port, lorsque les ennemis essayèrent de les atteindre.

Après ce coup de main de la Vera-Cruz, le gouvernement mexicain put se convaincre que le représentant de la France serait moins que jamais disposé à céder sur aucun point de ses réclamations. L'indemnité fut fixée, mais le chiffre fut loin de balancer les dommages éprouvés. Aussi cette imparfaite solution est-elle encore aujourd'hui un des griefs du gouvernement français contre le Mexique.

En 1840, une terrible émeute, suivie d'un combat de plusieurs jours dans les rues de Mexico, força Bustamente de faire au parti démocrate d'importantes concessions, puis d'abandonner la présidence. Santa-Anna revint au pouvoir, pour en descendre de nouveau. C'est au milieu de ces agitations intérieures que le Mexique se trouva entraîné dans une guerre désastreuse avec les États-Unis, à l'occasion de l'annexion du Texas à cette puissance. Battus sur tous les points, les Mexicains virent bloquer leurs ports et occuper successivement toutes leurs villes les plus importantes. Enfin, le 15 septembre 1847, Mexico fut pris; une armée étrangère campa dans cette capitale, et le drapeau étoilé des États-

Unis flotta en maître sur le palais de son gouvernement. Les Mexicains, contraints de signer la paix, le 2 février 1848, cédèrent aux vainqueurs, par le traité de Guadalupe-Hidalgo, le territoire à l'est du Rio-del-Norte, le Nouveau-Mexique et la Nouvelle-Californie. Ils reçurent en compensation 15 millions de dollars, environ 80 millions de francs.

Au milieu de cette confusion d'événements et de pouvoirs qui ont agité le Mexique, il y a une figure qui domine tout le reste : c'est celle de Santa-Anna, qui semble résumer toute la politique de ce temps-là. Une fois Iturbide renversé, nous dit un historien, l'histoire du Mexique pourrait s'appeler l'histoire des révolutions du général Santa-Anna. Tantôt les organisant pour son propre compte, tantôt y prenant part, après que d'autres les avaient commencées; travaillant aujourd'hui à l'agrandissement des autres et demain au sien propre, élevant une faction pour l'abaisser et l'opprimer ensuite en soutenant la faction opposée, entretenant ainsi tous les partis, il a été le moteur des événements politiques. Le sort de la patrie, lié en quelque sorte au sien propre, a traversé toutes les alternatives des vicissitudes humaines, qui quelquefois l'ont porté à la possession du pouvoir le plus absolu pour le précipiter ensuite dans la captivité et l'exil. Néanmoins, au milieu de cette agitation perpétuelle, il n'a pas cessé de combattre les ennemis extérieurs de la république.

En 1829, il battit les Espagnols, lors de leur tentative pour rétablir leur domination. En 1835, on le vit au Texas contre les colons insurgés. En 1838, il luttait contre les Français à Vera-Cruz. Et enfin, dans la guerre avec les États-Unis, il a défendu courageusement son pays. Il fut le seul obstacle à une paix qui devait ravir au Mexique la moitié de son territoire.

Il y avait dans Santa-Anna un mélange de bonnes et de mauvaises qualités; on trouve en lui un grand talent sans culture littéraire ou morale, un esprit entreprenant sans fixité dans ses desseins, l'énergie et le sens du gouvernement avec des moments d'inactivité. Habile à trouver le plan général d'une campagne comme d'une révolution, il était malheureux dans le commandement d'une bataille; aussi n'en a-t-il gagné qu'une seule.

Pendant longtemps Santa-Anna se contenta de faire et de défaire les présidents, sans prétendre pour lui-même à la magistrature suprême. En 1839 seulement il s'adjugea cette dignité. Il en a été revêtu jusqu'en 1856, mais seulement par intervalles; car plusieurs fois il fut obligé d'abandonner le pouvoir : en 1836, en 1845, en 1847, et enfin en 1856. Lorsqu'il rentra à la présidence en 1853, il pouvait croire que ce serait pour toujours; car le suffrage universel lui avait conféré la dictature à vie avec le titre d'Altesse sérénissime. Mais au bout de trois ans sa dictature, qu'on regardait comme l'unique refuge d'une nation épuisée et avide de repos, s'est écroulée sur elle-même Le dictateur est tombé devant une insurrection conduite par un vieil Indien, le général Alvarez, qui arriva à Mexico avec une bande assez importante d'Indiens. C'était un spectacle assez singulier que celui de ce vieux cacique au milieu de ses sujets à moitié vêtus, et recevant gravement le corps diplomatique; mais on pouvait sans doute s'étonner de voir les Mexicains, peuple civilisé, accueillir un tel chef. Cette insurrection était le triomphe du parti radical, démocratique, fédéral, comme on voudra l'appeler.

Le vieil Alvarez se lassa bientôt de toutes les intrigues d'une politique qu'il ne comprenait guère. Aussi, après avoir levé de fortes contributions, il quitta Mexico et retourna avec ses Indiens dans son état de Guerrero, où il régnait en seigneur féodal. On l'avait surnommé *la Panthère du Sud*. Son apparition dans la capitale n'avait eu pour résultat que d'augmenter l'anarchie.

CHAPITRE XI.

—

ÉTAT ACTUEL DU MEXIQUE.

Alvarez parti, la révolution opérée en sa faveur chercha à s'organiser. Elle prit pour président un des lieutenants d'Alvarez, Ignacio Comonfort; pour vice-président, Benoît Juarez, et pour symbole, la constitution démocratique de 1857. Ce nouveau régime eut bientôt contre lui l'armée, le clergé, les propriétaires, la classe élevée de la société; des soulèvements éclatèrent de tous côtés; le gouvernement fut renversé le 17 décembre 1857. Comonfort eut à peine le temps de s'échapper; Juarez se sauva à la faveur des troubles et parvint à rassembler quelques partisans. Il se renferma dans Vera-Cruz, et, prenant pour drapeau la constitution de 1857, il éleva pouvoir contre pouvoir. A dater de ce moment, la guerre, qui désolait le Mexique depuis plus de quarante ans, se déchaîna avec une force nouvelle dans toute la république, et la divisa en deux partis. Deux pouvoirs se trouvèrent en face l'un de l'autre, l'un à Mexico, l'autre à la Vera-Cruz.

Celui de Mexico, d'abord représenté par le général Félix Zuloaga, homme d'intelligence médiocre, eut bientôt pour chef véritable un jeune officier martial et énergique, le général Miguel Miramon. Il avait à peine vingt-six ans, lorsque la fortune l'éleva au premier rang. D'origine française, il appartenait par sa famille à la noblesse béarnaise. Pendant l'émigration du dernier siècle, son grand-père avait passé en Espagne, puis au Mexique comme aide de camp de l'un des vice-rois, et s'était fixé dans le pays, après la déclaration de l'indépendance. Le jeune Miguel Miramon s'était formé d'abord dans une école militaire, puis en guerroyant contre les États-Unis. Il manquait d'expérience en matière politique, mais il avait du moins le feu, l'énergie, la bonne volonté de réussir. Il imposait à tout le monde par une sorte d'autorité naturelle, et de vieux généraux étaient surpris eux-mêmes de subir l'ascendant de ce jeune homme. Le pouvoir dont Miramon était le représentant se trouvait maître de la capitale, et seul il était reconnu par les puissances étrangères, qui avaient immédiatement noué des relations avec lui. Miramon avait également pour lui une grande partie de l'armée, le clergé, tous les conservateurs; enfin tout ce qui était civilisé et européen.

L'autre gouvernement, siégeant à Vera-Cruz, représentait le parti révolutionnaire vaincu et se personnifiait principalement en Juarez, Indien de petite taille, remuant et obstiné, d'un esprit étroit et violent. Juarez, né dans les premières années du siècle, appartient, comme Indien, à la race conquise, avilie, refoulée. Ce n'est donc pas au prestige d'une naissance illustre qu'il doit la haute position où il est parvenu; ce n'est pas non plus à l'éclat de grands services militaires, ni à la fascination de brillantes qualités personnelles, ni à l'influence d'une grande fortune; mais jeté par le hasard de sa naissance sur le seuil de la civilisation, il eut assez de résolution pour y pénétrer, et de persévérance pour s'y maintenir. Il se livra à l'étude, et se fit recevoir docteur en droit, puis avocat. Il parvint à réunir assez de suffrages pour se faire nommer représentant au congrès de sa province natale; puis en 1857, il fut investi de la présidence de la cour suprême de justice. Il n'avait plus qu'un pas à faire pour occuper la première place, il le fit et devint président de la république. Maître de la Vera-Cruz, le port le plus important du Mexique, il avait la main sur les douanes et disposait de ressources qui lui permettaient de se soutenir. Il n'avait pas, il est vrai, d'armée régulière; mais il trouvait dans les provinces des partisans disposés à se lever pour le défendre; il ne manquait pas de chefs de bandes, toujours prêts à piller, à rançonner le pays sous un drapeau quelconque, en invoquant la constitution de 1857. Ainsi, sans être reconnu diplomatiquement, Juarez maintint assez longtemps son pouvoir usurpé.

Entre ces deux gouvernements, ce n'était pas seulement une guerre civile désastreuse, ravageant le pays; mais c'était encore une guerre de décrets, de mesures législatives. L'un défendait le clergé, l'autre l'expropriait, et promulguait même le mariage civil. L'un cherchait à concentrer l'administration, pour dominer l'anarchie; l'autre établissait le fédéralisme dans ce qu'il avait de plus étendu et de plus incohérent. Cette lutte dura deux ans, pendant lesquels on compta plus de soixante-dix actions militaires, dont huit batailles importantes. Pendant ces deux années, Miramon se maintint dans sa surprenante énergie; il était l'âme du gouvernement de Mexico, qui ne se soutenait que par lui. Toutes les fois qu'il se mettait en campagne, les libéraux étaient dispersés. Deux fois il a tenté d'attaquer Juarez à Vera-Cruz même; la première, il fut rappelé par la nécessité de garantir Mexico d'un coup de main; la seconde, les États-Unis firent échouer son entreprise en portant secours à Juarez. Mais si le jeune président était heureux comme soldat, il ne l'était pas sous le rapport des ressources financières qui vinrent à lui manquer, presque tous les ports de la république étant au pouvoir de ses adversaires.

Vaincu à quelque distance de la capitale, Miramon fut obligé de l'abandonner à l'armée prétendue constitutionnelle. Juarez fit son entrée à Mexico le 11 janvier 1861, et le titre de président lui fut décerné par les États confédérés. Ce triomphe d'un des deux partis ne mit pas fin à la lutte; elle changea seulement de face. Ce ne fut plus Miramon qui fut assiégé dans Mexico, mais Juarez, contre lequel marchèrent les généraux Doblado, Marquez et Zuloaga. Tous les partisans du parti vaincu, les conservateurs, recommencèrent la guerre et la poursuivirent avec acharnement.

Depuis ce moment, une anarchie complète règne au Mexique; elle entraîne des crises et des scènes désastreuses, non-seulement pour le pays lui-même, pour l'humanité, mais encore elles livrent la vie et les intérêts des étrangers aux caprices les plus violents, les droits des citoyens et les engagements publics n'étant plus respectés. Il n'y a plus réellement de gouvernement; la société retourne à la barbarie. Le Mexique ne peut plus être considéré que comme un État sur lequel un destin inexorable semble avoir appesanti sa main. Santa-Anna, en se retirant du pouvoir, emporta la conviction que les formes républicaines étaient incompatibles avec le caractère mexicain. Son opinion était sans doute bien fondée; car, en effet, on peut se demander ce qu'a produit la république au Mexique, si ce n'est l'anarchie et la souffrance pour tous. L'expérience prouve évidemment aux Mexicains que les institutions politiques qu'ils ont adoptées sont impuissantes pour le bonheur et la prospérité du pays. Aussi le moment semble-t-il venu où ils devraient accueillir avec empressement le retour d'une monarchie qui leur offrirait les garanties dont ils sont privés depuis si longtemps. Les événements qui se succèdent amèneront-ils ce résultat ?

La situation déplorable du Mexique fait sentir la nécessité d'une intervention étrangère. Maintenant, ce n'est plus pour l'Europe seulement une question d'intérêts commerciaux et d'argent à trancher, mais encore la cause de l'humanité à défendre, et la sécurité à rendre au pays. Le Mexique, fatigué de lutter contre l'ambition d'une foule de prétendants, pourrait bien se jeter dans les bras des Américains. L'Europe a un véritable intérêt à sauvegarder ce beau pays et à s'efforcer de lui rendre la paix. Dans l'espoir d'atteindre ce but, les gouvernements européens ont cru devoir offrir leur médiation; mais Juarez, fier de ses succès, s'est refusé à tout arrangement. Un de ses premiers actes, après son entrée à Mexico, a été l'expulsion brutale de l'ambassadeur d'Espagne, M. Pacheco, ainsi que celle du nonce du pape et d'un autre ministre étranger. Ce n'était là que le prélude significatif de ce qui est arrivé depuis : emprisonnement des vice-consuls, attaque à main armée dirigée contre le ministre français, M. Dubois de Saligny; nouveaux emprunts forcés, assujettissement de nos nationaux au service militaire. Le gouvernement mexicain ne s'en est pas tenu à ces actes arbitraires et violents; il a supprimé toutes les conventions étrangères; en d'autres termes, il s'est délié, de sa propre autorité, des obligations contractées par le Mexique avec les gouvernements européens. Ceux-ci ont compris alors qu'une simple protestation et une médiation étaient désormais insuffisantes pour rétablir la paix intérieure au Mexique, et que l'intervention collective des trois puissances le plus directement lésées depuis quelques années était le seul moyen de pacifier ce malheureux pays. De là l'expédition conçue et entreprise par la France, l'Angleterre et l'Espagne, pour exiger : 1° une protection plus efficace pour les personnes et les propriétés des sujets de ces trois nations; 2° l'exécution des obligations contractées envers elles par la république mexicaine; 3° la cessation de toute hostilité contre la religion catholique, son culte et ses ministres; et enfin pour donner à ce pays un gouvernement régulier et stable qui garantisse l'ordre social et la prospérité de l'État. C'est dans l'espoir d'atteindre ce but que les forces de terre et de mer sont entrées dans le golfe du Mexique.

Aux premiers bruits d'une intervention armée de la France, de l'Espagne et de l'Angleterre, dans les affaires du Mexique, le gouvernement de la république a pris des mesures de défense. Il a décrété en novembre 1861 la formation de trois corps d'armée : l'armée du Nord, sous le commandement du général Topia, quartier général Tampico ; l'armée de réserve, sous les ordres du général Jésus Ortega, quartier général San-Luis-de-Potosi ; et l'armée d'Orient, ayant pour chef le général Lopez de Uraga. Cette armée d'Orient étant destinée, par la position qu'elle occupe sur les routes qui conduisent de la Vera-Cruz à Mexico, à recevoir le premier choc, demandait pour chef un général habile, énergique, dévoué et infatigable. Le gouvernement a fait choix de Lopez de Uraga, que l'opinion publique désigne comme un des officiers les plus distingués de la république, et comme le seul capable d'organiser une défense sérieuse du territoire. Ce général, quoiqu'il ait plus de soixante ans et une jambe de bois, a conservé toute l'ardeur de sa jeunesse. Après avoir passé la plus grande partie de la journée à cheval, à visiter les travaux de défense, il ne prend qu'un repas frugal, tout en continuant de donner des ordres et en s'occupant des moindres détails qui concernent ses enfants (c'est ainsi qu'il nomme ses soldats).

L'armée mexicaine est composée de troupes régulières et de gardes nationaux ; son organisation laisse beaucoup à désirer, le recrutement se faisant, non par le tirage au sort, mais par la *leva*. On appelle ainsi une commission nommée par le gouverneur d'un État ou par les chefs de corps. Elle est chargée de prendre de gré ou de force tous les hommes valides qu'elle rencontre sur la voie publique; mais elle a l'ordre de respecter l'homme *decente* ou de *levita* (l'homme décent ou bien vêtu), les aquadores (porteurs d'eau), les commissionnaires et tous les étrangers. L'homme du peuple doit seul subir sans murmurer cette tyrannie; mal lui adviendrait de faire résistance ou de chercher à fuir : la *leva* a ses armes cachées et le droit de vie ou de mort. Elle ne peut dans aucun cas franchir le seuil d'une maison. Aussi, dans les moments de recrutement, ne rencontre-t-on qu'un petit nombre d'hommes du peuple sur la voie publique. S'ils sont obligés de sortir, ils se tiennent sur leurs gardes, et au moindre signe d'apparition de la terrible *leva*, ils se réfugient dans la première maison qui s'offre à leurs regards. Ce n'est pas sans raison que la carrière des armes est envisagée avec effroi. Mariés pour la plupart, car les Mexicains se marient fort jeunes, ils se trouvent brusquement séparés de leurs femmes et de leurs enfants, avec la triste perspective de ne recevoir que rarement les quelques *medios* qui doivent suffire à leur entretien et à celui de leur famille; aussi ne se font-ils aucun scrupule de déserter à la première occasion, au risque de recevoir un certain nombre de coups de bâton, quand ils sont repris.

Les femmes sont souvent forcées de suivre leurs maris en campagne; elles font de longues et pénibles marches, chargées de tous les ustensiles nécessaires aux apprêts de leur maigre nourriture, et quelquefois portant leur enfant sur leur dos. Couvertes de poussière, brûlées par le soleil et exténuées de fatigue, elles sont cependant obligées, en arrivant, de pourvoir à l'alimentation de la famille ambulante. Ce n'est qu'après avoir satisfait à tous ces soins qu'elles peuvent songer à prendre quelque repos, et encore quel repos? Souvent elles n'ont pour abri que la voûte du ciel.

Le soldat mexicain est sobre, et n'a souvent pour toute nourriture que du maïs broyé formé en galettes minces et très-légèrement cuites. En route, il se désaltère en suçant un morceau de canne à sucre. Il supporte avec résignation et courage les plus grandes fatigues, les plus dures privations. Calme au feu, ne craignant pas le danger, ayant quelquefois des élans enthousiastes, il pourrait former une excellente armée, s'il possédait de meilleurs chefs. Les guerres civiles ont fait beaucoup d'officiers; mais la plupart ne possèdent pas assez de connaissances pour diriger les opérations militaires. Le Mexicain, habitué dès son enfance à monter à cheval, est bon cavalier. L'animal porte son maître depuis le lever du soleil jusqu'à son coucher, la plupart du temps sans manger ni boire de toute la journée. Le soir, quelques poignées de maïs et souvent de l'eau stagnante suffisent pour le mettre en état de poursuivre sa route le lendemain. Le *guerillero*, cavalier mexicain, est le véritable soldat national; il connaît les chemins les plus impraticables, sait où jaillit dans un pays de sécheresse éternelle quelque faible source; il se nourrit de maïs comme son cheval, et chante en plein midi sans souci du lendemain.

Le commandant de l'armée d'Orient a établi son quartier général à la Soledad, jolie petite ville qui se trouve sur la route de Vera-Cruz à Mexico, au commencement de la chaîne des Cordillères. La Soledad, quoique située dans une plaine brûlante où s'élèvent quelques rares arbrisseaux, est cependant entourée de champs toujours verts et de jardins émaillés de fleurs. Elle le doit au soin qu'on a pris d'amener dans ses alentours un cours d'eau qui, répandant d'abondantes rosées, supplée aux pluies inconnues au Mexique pendant neuf mois de l'année. Cette petite rivière traverse la ville; un beau pont relie ses bords à la route qui conduit à la capitale. Un élégant clocher, des maisons blanches s'élevant au milieu d'une perpétuelle verdure, donnent à cette ville un aspect pittoresque et délicieux. C'est dans ce lieu privilégié de la nature que sont rassemblées les troupes qui forment le corps du général Uraga. Elles ne campent pas sous des tentes, mais bien en plein air, et ne sont abritées des rayons brûlants du soleil américain que par d'immenses toiles étendues au-dessus de leurs têtes. Telle est la situation de l'armée mexicaine en attente de l'armée européenne contre laquelle elle va avoir à lutter.

CHAPITRE XII.

INTERVENTION ÉTRANGÈRE.

Le 11 novembre 1861, expirait le délai accordé pour accepter ou refuser l'ultimatum présenté au gouvernement mexicain par le ministre français. Juarez l'ayant rejeté, M. Dubois de Saligny quitta Mexico, où l'on n'avait pas craint de l'insulter publiquement ; il se fit escorter, sachant que cette précaution était nécessaire à sa sûreté. Dès ce moment, l'expédition du Mexique fut définitivement résolue. Aussitôt que l'alliance fut conclue entre la France, l'Espagne et l'Angleterre, le gouvernement espagnol, animé du désir de s'assurer une certaine prépondérance dans la direction de l'entreprise, devança les alliés et se hâta de diriger ses vaisseaux et ses troupes vers le Mexique. Le 22 novembre 1861, ils partaient, et le 8 décembre ils étaient devant la Vera-Cruz. L'apparition des Espagnols causa une grande surprise aux autorités mexicaines, qui s'étaient bercées de l'espoir que l'intervention dont le pays était menacé serait au moins ajournée. Le gouverneur de la Vera-Cruz se disposa d'abord à la défense; mais, sommé par l'amiral Rubalcaba, commandant la flotte espagnole, d'abandonner la ville, il se retira, sentant qu'il ne pouvait lutter contre les forces qui s'avançaient. Toutefois il défendit aux habitants de communiquer avec les Espagnols, de leur fournir des provisions. Il déclara traîtres tous les Mexicains qui ne prendraient pas les armes pour la défense de leur pays, ou qui entreraient dans l'armée espagnole. Le 17, les troupes débarquaient au bruit de vingt et un coups de canon; le drapeau espagnol était hissé sur la forteresse de Saint-Jean-d'Ulloa et sur les places. Sa vue pouvait rappeler le souvenir d'une ancienne domination, réveiller des haines et exciter la défiance. Mais le commandant de l'expédition se hâta de publier une proclamation dans laquelle il déclarait positivement que le but de l'expédition n'était point la conquête, mais seulement d'exiger satisfaction pour les injures faites au drapeau de la nation, l'accomplissement des traités et des garanties pour l'avenir. Il promettait protection aux habitants paisibles, mais prévenait qu'il punirait sévèrement les fauteurs de troubles et de désordres. Il ajoutait que sa mission commençait seulement et qu'elle ne serait terminée que lorsqu'il aurait rétabli la bonne harmonie entre les Espagnols et ceux qui furent leurs frères.

Vera-Cruz offrit aux Espagnols un aspect lugubre, celui d'une ville déchue. Son port, si animé du temps de la domination espagnole, n'est plus qu'une solitude. La population a disparu de la ville presque autant que les navires du port. La Vera-Cruz, sous le régime colonial, avait seize mille habitants, sans compter la garnison et la population flottante ; il n'y en a plus que quatre à cinq mille. La célèbre citadelle de Saint-Jean-d'Ulloa, que l'Espagne construisit à grands frais, tombe en ruine; toute lézardée par les attaques qu'elle a eus à soutenir, elle apparaît comme un de ces vieux militaires qui n'ont plus qu'un souffle de vie. De temps en temps on en voit sortir quelques soldats mal vêtus et mal armés. Ils sont là pour attester que l'état militaire du pays n'est pas moins en décadence que le reste. Le môle qui, du rivage, s'avance dans le port, pour faciliter le débarquement des voyageurs et des marchandises, n'est plus entretenu. Chaque hiver, la mer furieuse en détache des pans de maçonnerie qu'on ne relève pas. Les clochers sont endommagés et portent les marques des boulets et des bombes dont ils ont été atteints. La ville, à l'entrée de laquelle est un vaste et magnifique débarcadère, était, lors du débarquement, presque complétement déserte ; il n'y était resté que quelques habitants qui disparurent à la nuit, et la lune, en se levant, n'éclaira que les ruines. Le regard des Espagnols put embrasser d'un seul coup l'étendue des rues larges et droites, mais très-sales. Toute la nuit on n'entendit que le pas des troupes débarquées qui se rendaient aux bivouacs qui leur étaient assignés, ou le bruit sourd des caissons roulant péniblement sur les pavés inégaux et disjoints. Une seule chose n'était pas absente à la Vera-Cruz : c'est la fièvre jaune, qui y est presque permanente.

Les Espagnols, maîtres de la ville, y maintinrent la tranquillité. Beaucoup de troupes qui avaient été forcées de sortir de la Vera-Cruz revinrent et donnèrent leur adhésion à l'intervention étrangère, afin de voir cesser l'anarchie qui désole le Mexique depuis cinquante ans. M. Dubois de Saligny, parti de Mexico, arriva le 16 décembre à la Vera-Cruz. Il eut une entrevue avec le général Uraga à la Tejeria, station du chemin de fer, à 25 kilomètres de la Vera-Cruz. Uraga, aimable, spirituel, et parlant parfaitement le français, avoua à M. de Saligny que, d'après la connaissance qu'il avait de l'état politique du pays, il était convaincu qu'il ne pourrait pas lutter contre les trois puissances réunies ; mais que Juarez, s'abusant sur ce point, appelait la population aux armes, levait des impôts énormes et fortifiait les villes.

Pendant que les Espagnols avaient gagné la Vera-Cruz, le corps d'armée que le gouvernement français destinait à l'expédition du Mexique s'était embarqué à Cherbourg et à Toulon. La flotte, composée de plusieurs frégates, était placée sous les ordres du contre-amiral Jurien de la Gravière. Le commandement des troupes était confié au général comte de Lorencez, petit-fils par sa mère du maréchal Oudinot, duc de Reggio. C'est sous la direction de ces deux hommes de mérite que s'était éloigné des côtes de France ce corps d'armée destiné à pacifier la vaste et importante république du Mexique. Cette flotte, dirigée vers la Martinique, s'y était arrêtée, et en était repartie le 17 décembre. Le 23, elle arrivait à la Havane, ainsi qu'une frégate espagnole portant le général Prim. Une brillante réception a été faite aux troupes françaises par le maréchal Serrano, gouverneur. Il a voulu assister à leur départ, à bord d'un navire français, *le Masséna*, sur lequel l'a reçu l'amiral Jurien. La flotte a pris le large au milieu des acclamations de la population, d'une foule immense accourue pour jouir de ce spectacle. Lorsque le général Serrano a quitté l'amiral français, une salve de dix-sept coups de canon a annoncé leur adieu. Les escadres combinées de France et d'Espagne ont fait route pour le cap San-Antonio, où elles ont opéré leur jonction avec l'escadre anglaise.

Le 7 janvier 1862, la division navale française était devant la Vera-Cruz et débarquait sans difficulté. Le général Gasset mit tout de suite à la disposition des troupes les casernes occupées par les Espagnols, qui campèrent hors de la ville.

Dès le lendemain du débarquement, les représentants des trois puissances ouvrirent des conférences pour arrêter les opérations qui devaient avoir lieu. Quoique leurs gouvernements fussent d'accord sur le but de l'expédition, l'avis de chacun des plénipotentiaires fut différent. L'amiral Jurien voulait que l'on sommât tout de suite le gouvernement de Juarez de faire droit aux justes griefs qu'on avait contre lui, et que l'on agît sans perdre de temps. Il comptait sur le général Prim pour diriger le mouvement, attendu que c'était lui qui avait le plus de forces militaires à sa disposition. Mais le général espagnol insista pour qu'on entamât des négociations et qu'on demandât la permission d'établir les troupes dans un lieu plus salubre que la Vera-Cruz, où la fièvre jaune sévissait. Faire une pareille demande était donner aux Mexicains une fausse idée des dispositions des puissances alliées, et faire croire à des intentions pacifiques qu'elles n'avaient point. Néanmoins cette idée prévalut. Une note collective fut adressée à Juarez par les trois plénipotentiaires. L'officier espagnol chargé de la porter à Mexico y tint un langage radical qui anéantit toutes les espérances des hommes amis de l'ordre; puis toute communication émanant de l'Espagne ne pouvait que soulever des doutes, des méfiances. Le général Doblado, ministre de la guerre, répondit que le gouvernement fonctionnait librement et n'avait point besoin d'intervention. Il engagea les alliés à rembarquer leurs troupes; néanmoins il invita les plénipotentiaires à se rendre à Orizaba avec une escorte, disant qu'il s'y rendrait aussi pour discuter avec eux sur les moyens de rétablir la bonne entente entre son gouvernement et les trois puissances.

L'entrevue eut lieu entre le général Doblado, l'amiral Jurien de la Gravière, le général Prim et sir Charles Lennox Wycke, plénipotentiaire anglais. Leurs débats ont entraîné ce qu'on a appelé *les préliminaires de la Soledad*. Ils annonçaient une négociation entre les adversaires. En attendant la conclusion des débats, on permit aux forces alliées qui étaient débarquées de s'avancer dans l'intérieur du pays, pour y prendre des positions où elles seraient plus à l'abri de la fièvre jaune. Mais on fit une obligation à ces troupes de rétrograder, si la négociation échouait. D'après cette convention, l'armée espagnole se dirigea, le 24 février, sur Orizaba, où elle devait stationner, et les troupes françaises sur Téhuacan. Celles-ci arrivèrent le soir même sur les bords de la rivière de la Borga, après une triste journée de marche sous un soleil brûlant, et sans avoir trouvé d'eau sur la route. Un assez grand nombre de soldats, déjà atteints par la fièvre, se traînaient avec peine. Cette première journée d'épreuves n'abattit cependant pas le courage des soldats, qui continuèrent avec ardeur leur marche sur Téhuacan. L'armée eut à traverser le col de Chicquewite, position d'une grande importance stratégique. Depuis quatre mois, les Mexicains y avaient fait d'immenses travaux de défense. Aussi ce passage devait être de vraies Fourches Caudines pour l'armée, lors de son retour. Arrivée à Téhuacan, elle y séjourna dix-sept jours, ainsi que l'avaient fixé les conventions.

Pendant le séjour des Français à Téhuacan, le général Zaragoza accomplit un acte d'inique vengeance, en faisant fusiller le général Roblez. Ce général était du petit nombre des généraux mexicains qui ont vaillamment pris, aux dépens de leur vie et de leur fortune, le parti de l'ordre. Il fut envoyé de Mexico à Téhuacan par les partisans de l'intervention, pour porter à l'amiral des dépêches importantes. Son passage à Puebla fut signalé par des espions à Zaragoza, qui fit arrêter le général Roblez ; et, après un simulacre de jugement, il le fit fusiller. Il s'était écoulé à peine douze heures depuis le moment de l'arrestation jusqu'à celui de l'exécution. Par cet assassinat juridique, Zaragoza fit une infraction à la suspension d'armes consentie par lui. L'amiral français, quoique indigné de la conduite du chef mexicain, ne se crut pas autorisé par la félonie de son adversaire à agir de même ; il remit à plus tard d'exiger une réparation.

D'ailleurs, le gouvernement mexicain semblait ne tenir aucun compte de la présence des alliés. Les actes violents continuaient sur les étrangers ; on recourait à la force pour les contraindre à la taxe; on s'emparait de leurs propriétés; les consulats français, espagnols et des États-Unis, étaient envahis sous de vains prétextes. Le général Doblado, qui avait fait preuve de modération, semblait se laisser entraîner aussi dans cette voie d'exactions. L'anarchie croissait toujours, et il était impossible de prévoir à quels excès ne se porterait pas un pouvoir qui semblait avoir lui-même conscience du peu de temps qu'il avait à vivre. La nécessité d'une intervention se faisait donc sentir de plus en plus.

La convention de la Soledad avait créé pour un moment une situation entièrement distincte de celle qu'on avait prévue; elle finit par faire éclater la division entre les puissances alliées. La France a désapprouvé cette perspective d'une négociation nouvelle qui lui semblait problématique. L'Angleterre et l'Espagne, au contraire, l'ont acceptée. Le général Prim, comte de Reuss, et sir Charles Wycke ont soutenu que les gouvernements alliés, en envoyant des forces au Mexique, n'avaient point eu en vue de faire la guerre à Juarez, mais seulement d'entrer en pourparlers. L'Angleterre, en effet, avait déclaré dès le premier instant que, bien qu'approuvant l'expédition, elle ne fournirait que peu de troupes et ne quitterait pas le littoral. Aussi n'eut-on pas lieu d'être surpris en voyant le gouvernement britannique profiter du peu d'accord qui existait entre les plénipotentiaires pour rappeler la plus grande partie de ses forces. Mais on a pu être étonné de voir l'Espagne, après l'empressement qu'elle avait montré, s'arrêter tout à coup. Elle avait planté son drapeau à la Vera-Cruz; elle avait des forces supérieures aux autres puissances. Néanmoins, le général Prim, au lieu d'agir, ne s'est montré que négociateur et a provoqué les conventions de la Soledad. Il a fait une réception brillante à Zamacona, envoyé de Juarez, lui a donné repas et sérénade; ce qui a excité des murmures parmi ses officiers et ses soldats, qui, mécontents du rôle qu'on leur faisait jouer, demandaient à haute voix de marcher en avant.

Le général Prim, voyant le refus formel de la France d'acquiescer aux conventions de la Soledad, a annoncé sa résolution de se rembarquer avec ses troupes, et il a demandé tout de suite au capitaine général de l'île de Cuba, le maréchal Serrano, de lui envoyer des bâtiments de transport nécessaires pour son départ.

Ainsi l'Espagne, après avoir un instant compromis l'expédition, au début, par trop de précipitation, a contribué ensuite à en suspendre le cours et à la dénaturer. Mais les représentants de la France sont restés fermes dans la résolution de poursuivre l'expédition. L'amiral Jurien a annoncé au général Doblado sa résolution de commencer immédiatement les hostilités, afin de faire cesser les exactions qui continuaient contre les Français. Il l'a informé que les troupes, laissant leurs hôpitaux sous la garde de nationaux mexicains, se replieraient au delà des positions fortifiées du Chicquewite, pour y reprendre toute leur liberté d'action, aussitôt que les troupes espagnoles auraient, selon les conventions de Soledad, quitté leur campement.

CHAPITRE XIII.

BORREGO. — ORIZABA.

Tandis que les Espagnols effectuaient leur retour à la Vera-Cruz, les troupes françaises, stationnées à Téhuacan, reprenaient la route qu'elles avaient suivie, gagnaient les hauteurs du Chicquewite, où l'on tenta, malgré les conventions, de leur tendre un piége; mais elles surent le déjouer et vinrent reprendre leurs anciens cantonnements, où de nombreux renforts étaient venus les rejoindre. L'amiral adressa aux Mexicains une proclamation dans laquelle il les assurait qu'il ne venait pas pour prendre part aux divisions, mais pour les faire cesser. « Le drapeau français, disait-il, est planté sur le sol mexicain; il ne reculera certainement pas. Que les hommes sages l'accueillent comme un drapeau ami; que les insensés osent le combattre! » L'ambulance de l'armée avait été placée à Orizaba, dans un couvent de jésuites. Le général Zaragoza avait promis sur son honneur qu'elle serait à l'abri de toute insulte. Mais lorsque les Espagnols eurent quitté entièrement Orizaba, le général mexicain, déniant ses engagements, déclara qu'il ne donnait que vingt-quatre heures à l'ambulance pour évacuer la ville, sous peine d'être faite prisonnière avec ses quatre cents malades. Cette déclaration décida le commandant en chef à marcher aussitôt sur Orizaba, au secours de ces malheureux malades. L'armée se mit en route le 19 avril. Après avoir traversé le village del Ponte et s'être engagée dans la montagne, elle rencontra un détachement mexicain qui voulut lui barrer le passage. Mais l'armée se fit jour et s'élança sur l'ennemi, qui prit la fuite, se hâta de rentrer dans Orizaba, annonçant au général Zaragoza notre mise en marche, leur déroute et notre présence aux portes de la ville. Le général mexicain s'empressa d'évacuer Orizaba, et les Français y entrèrent triomphalement le 20, jour de Pâques; ils eurent la satisfaction de délivrer quatre cents de leurs compatriotes du danger qu'ils avaient couru.

Pendant le séjour de l'armée française à Orizaba, de nombreuses bandes de troupes mexicaines vinrent se rallier aux Français. Elles arrivaient avec leurs armes, leurs mobiliers, et leurs femmes. On pouvait conclure de là que la crainte seule les retenait sous les armes mexicaines et qu'ils s'estimaient heureux de trouver un appui près du drapeau français. D'ailleurs, le départ des Espagnols avait rendu la sécurité aux partisans de l'intervention; ils étaient beaucoup plus rassurés de la voir s'effectuer seulement par les Français, dont ils ne révoquaient point en doute les intentions pacifiques et généreuses. L'élan donné, les hostilités commencées, l'armée ne devait plus rétrograder, mais poursuivre sa marche. Le 27 avril, elle quitta Orizaba et s'avança vers Avelzingo, village situé au pied des montagnes des Combrès, qu'il fallait gravir pour atteindre le plateau, dit de Puebla. Arrivée à Avelzingo, elle est attaquée par un détachement de cavalerie ennemie. Le général la repousse et lance ses chasseurs dans le défilé de la route. Les hauteurs étaient couvertes de cinq à six mille fantassins, de bataillons armés de carabines et de plusieurs batteries qui lançaient leurs projectiles à de longues distances. Néanmoins les chasseurs entreprennent de gravir la montagne. Ils montent en ligne droite, s'abritant derrière des rochers pour tirer au-dessus de leurs têtes, et avançant de temps en temps par des chemins que l'on n'aurait crus abordables que pour des chèvres.

Après quatre heures de pénibles efforts, ils arrivèrent au sommet, élevé de quinze cents à dix-huit cents mètres environ; mais un petit nombre des deux cents hommes formant les deux compagnies n'avait pu suivre les plus intrépides. Heureusement pour eux, l'ennemi, quoiqu'en force sur ce point, avait été terrifié d'une attaque aussi prompte et aussi hardie. Un des généraux, Ortiaga, avait été blessé; une panique incompréhensible s'en était suivi, et l'armée de Zaragoza, commandée ce jour-là par lui-même, avait pris la fuite. Le bataillon vainqueur était cependant sérieusement engagé; aussi le général de Lorencez le fit appuyer immédiatement par deux bataillons de zouaves, qui rejoignirent les chasseurs sur le plateau. Les pertes étaient légères; on comptait une trentaine de blessés. Le lendemain, le général félicita les troupes et les assura que le canon des Invalides informerait Paris et toute la France de leur victoire.

Après le combat des Combrès, l'armée se remit en marche. Le 1er mai, elle partit de la Canàda de Istapan et se dirigea vers Puebla. Le général Zaragoza se retirait devant elle à un jour de distance, mais son passage était marqué par l'incendie des habitations. Le 4, l'armée était à Amazoe, grand village à trois lieues de Puebla. Jusque-là le général Lorencez n'avait pu se procurer aucun renseignement sur les dispositions des chefs mexicains; mais à Amazoe il apprit positivement que le gouvernement de Juarez avait prescrit de se défendre à outrance dans Puebla; que la ville renfermait douze mille hommes de garnison, que toutes les rues étaient barricadées, et que chaque barricade était armée de canons. Le général de Lorencez ne continua pas moins de faire avancer son armée. Le 5, elle était en vue de Puebla. Dans la position qu'elle prit, elle avait devant elle une plaine immense avec Puebla à trois kilomètres environ; à sa droite, et à côté de la ville, un château avec une église situé sur une montagne; à sa gauche et près d'elle, une autre montagne. Au moment où la tête de la colonne déboucha dans la plaine, un coup de canon partit du fort de Guadalupe; c'était un signe certain que l'ennemi attendait ses adversaires. Le général de Lorencez comprit tout de suite qu'il fallait avant tout s'emparer du fort de Guadalupe et de celui de San-Loretto, dont la possession assurerait celle de la ville. Le matériel de siége nécessaire pour détruire ces forts lui manquait; néanmoins il fit avancer ses troupes jusqu'au pied de la hauteur et résolut de tenter une attaque de vive force. Au premier signe de commandement, les zouaves et les chasseurs s'élancèrent avec l'intrépidité intelligente traditionnelle dans ces deux corps; ils firent ce que les troupes françaises seules savent faire : ils arrivèrent sous un feu terrible d'artillerie et de mousqueterie, malgré les obus et les balles, jusque dans les fossés du fort; quelques-uns parvinrent à se hisser sur le mur, mais ils furent tués. Toutes les colonnes vinrent se heurter contre le fort, sans pouvoir se frayer un passage. Le couvent de Guadalupe, que l'on avait décrit au général comme une position de peu d'importance, était armé de dix pièces de canon; des obusiers étaient placés sur les plateformes et dans les clochers. Trois lignes de feux de mousqueterie superposées étaient établies sur les terrasses; deux mille hommes au moins, commandés par le général Negrette, étaient renfermés dans le fort avec une artillerie bien servie. Au fracas du canon vint se mêler celui d'un épouvantable orage; des grêlons gros comme des noix assaillirent les troupes. Dès ce moment commença la déroute, car c'en était une.

Le général de Lorencez, reconnaissant l'impossibilité de continuer cette lutte héroïque, retira toutes les troupes engagées et commanda la retraite. Dans l'attaque le porte-drapeau avait été tué, et le drapeau, décoré à Solférino, roulait dans le fossé pour servir de linceul aux braves qui y avaient trouvé la mort. Au moment de la retraite, un zouave, ne pouvant se décider à l'abandonner à l'ennemi, retourna en arrière pour le chercher, et eut le bonheur de le rapporter sans qu'il ait été touché. Les troupes rétrogradèrent sans que les Mexicains osassent les poursuivre. A sept heures du soir, elles rentraient dans leur campement, épuisées de faim et de fatigue. Mais ce qui les affectait le plus, c'était l'échec du drapeau français et les pertes que l'on avait éprouvées dans cette fatale journée. On resta encore le 6 et le 7 devant Puebla; puis le général, sentant qu'il était impossible d'attaquer les barricades de Puebla sans être maître des forteresses, ni de marcher sur Mexico en laissant derrière lui ces forts, se décida à revenir à Orizaba. L'armée y arriva le 17. Le général de Lorencez s'efforça de relever le courage de ses soldats, un peu abattu par la nécessité d'une retraite à laquelle ils ne sont pas habitués. Il les assura que, malgré leur échec, leur intrépidité méritait des éloges.

L'occasion de prendre une revanche ne tarda pas à se présenter. Dès le lendemain il y eut un engagement avec un corps de troupes commandé par le général Marquez, qui voulait rejoindre l'armée, et cinq mille libéraux environ qui lui barraient le passage. Ceux-ci, pris entre les troupes de Marquez et les Français, furent exterminés. Peu se sauvèrent; huit cents se constituèrent prisonniers, et la jonction avec le général mexicain s'opéra sans difficulté.

Le général Zaragoza, qui connaissait le faible effectif de l'armée française, s'avança aux portes d'Orizaba avec quinze mille Mexicains et prit les positions les plus avantageuses pour attaquer la ville. Il adressa au général Lorencez une lettre insultante pour les armes françaises par les propositions qu'elle renfermait. Il offrait une capitulation dont la principale condition serait l'évacuation, dans un temps fixé, du territoire de la république. La réponse du général Lorencez ayant été un refus, Zaragoza campa deux mille hommes sur les hauteurs du Borrego, montagne à 45° de pente, bien convaincu sans doute que dans ce lieu ils seraient inattaquables. Mais dans la nuit du 13 au 14 juin, vers onze heures du soir, le capitaine Détrie, à la tête de sa compagnie, commença à gravir sans bruit le Borrego. Malgré l'obscurité et les difficultés de l'ascension, il arriva vers une heure du matin sur la hauteur, sans calculer qu'il était en face de deux mille ennemis, et, n'écoutant que son courage, il fondit avec ses hommes sur les Mexicains. Ceux-ci, réveillés par les coups de fusil et étonnés d'être poursuivis dans un lieu si peu accessible, crurent à l'arrivée de plusieurs milliers d'hommes. Ils firent d'abord une vive résistance; mais à la vue d'un grand nombre des leurs précipités et roulés dans les nombreux précipices du Borrego, ils s'enfuirent, laissant les Français maîtres de la position et leur abandonnant trois pièces de canon.

Il est impossible de décrire le combat du Borrego et d'en donner une juste idée; il faut avoir vu les lieux pour apprécier les difficultés surmontées par ces vaillants soldats. Le général Lorencez a proclamé leur héroïsme dans un rapport au gouvernement français. Les résultats de ce glorieux combat étaient immenses : deux cent cinquante Mexicains restés sur le champ de bataille, trois obusiers, un drapeau, deux cents prisonniers; tout le corps du général Ortega en fuite et complétement dispersé. Les Mexicains, en restant sur le

Borrego, pouvaient de là mitrailler les batteries françaises qu'ils dominaient, envoyer leurs bombes incendiaires dans la ville et y pénétrer en masse. Les forcer à abandonner cette position avantageuse était un fait d'armes de la plus grande importance.

Orizaba peut être considérée comme une belle ville. Un grand nombre d'églises lui donnent un cachet d'originalité. Elle est toute en longueur ; une seule grande rue, dite *route de Mexico*, la traverse. Les marchands habitent des maisons basses ; les riches bourgeois ont des habitations vastes et de belle apparence ; elles n'ont qu'un seul étage ; néanmoins elles sont assez élevées pour que des fenêtres et des terrasses on puisse découvrir l'immense perspective des campagnes voisines. Les maisons ont une certaine analogie avec les habitations mauresques ; elles ont une cour intérieure, un jardin avec un jet d'eau ; sur le pourtour, une ou deux galeries couvertes, sous lesquelles on est à l'abri des ardeurs du soleil ; et le soir, rien n'est plus délicieux qu'une promenade sous ces galeries, où l'on respire un air pur et frais qui ranime les forces abattues par la chaleur excessive de la journée.

En entrant dans la ville, on éprouve un autre sentiment que celui de l'admiration. Le pavé est affilé, aiguisé en pointe ; on ne s'y tient debout que par des efforts d'équilibre. Les trottoirs sont exigus ; ils conviennent parfaitement aux petits pieds des dames mexicaines. Celles-ci sont assez généralement laides ; il y en a peu de belles ou de jolies ; mais toutes ont des yeux pétillants de malice, des traits méridionaux, et drapent leurs mantilles avec coquetterie.

L'armée française, forcée de renoncer à la prise immédiate de Puebla, s'établit à Orizaba, pour y attendre des renforts et des vivres. Le général de Lorencez, plein de sollicitude pour ses troupes, s'efforça de leur donner tout le bien-être qu'il était en son pouvoir de leur procurer dans la position critique où il se trouvait. Il s'occupa de fortifier les points par où l'ennemi pouvait l'attaquer; mais celui-ci n'y songeait guère depuis l'affaire de Borrego. Le général Zaragoza, malgré les menaces qu'il ne cessait de faire entendre, n'était pas en mesure de provoquer les hostilités. D'ailleurs, il se confirmait que la division régnait parmi les généraux mexicains. Negrette avait quitté l'armée; Ortega et Zaragoza s'étaient séparés en mauvaise intelligence, et Doblado s'était retiré à Tacubaya, préparant, disait-on, un mouvement antijuariste. Ortega, qui n'avait plus guère que deux mille hommes, était à Téhuacan, où il se fortifiait comme s'il s'attendait à y être attaqué. Zaragoza était avec quatre cents hommes à San-Andres Chalchicomula. On assurait qu'il était appelé à Mexico pour y rendre compte de sa conduite, et qu'il était question de le remplacer dans son commandement, par suite de son refus de marcher *quand même* contre les Français : refus motivé sur la démoralisation où ses troupes avaient été jetées par les journées des 18 mai et 14 juin. Puis il était évident que le parti de Juarez s'affaiblissait chaque jour et que les conservateurs prenaient l'avantage sur lui. Ils voulaient forcer Juarez et Doblado à rappeler leurs troupes, pour défendre Puebla et Mexico contre les ennemis intérieurs dont les violences allaient croissant.

Aux portes de Mexico, on venait d'enlever à main armée M. Dastuges, un des membres les plus estimés de la colonie française. Cet attentat avait été commis par Cuellar, autrefois voleur de grand chemin, et maintenant colonel dans les troupes de Juarez. On exigeait cinq mille piastres, et l'on menaçait de fusiller M. Dastuges, si la rançon n'était pas payée dans le plus court délai. Cet acte prouvait l'impuissance du gouvernement à protéger la vie et les propriétés des habitants; ou plutôt on pouvait y voir sa volonté personnelle d'accomplir les actes les plus arbitraires; car à peu de temps de là, par ses ordres, plusieurs personnes étaient saisies chez elles et conduites à l'archevêché, où elles furent mises au secret. On leur annonça qu'elles allaient être conduites à la frontière et embarquées immédiatement. Ces Français étaient tous des citoyens paisibles, s'abstenant scrupuleusement de se mêler de politique. Mais le gouvernement de Juarez, qui désirait s'assurer le concours de la population, cherchait tous les moyens de l'exciter contre les étrangers, afin de la pousser à demander leur expulsion en masse. Les clubs retentissaient d'invectives haineuses. Ce sont les violences d'un de ces clubs, dont le président était un des ministres de Juarez, qui amenèrent l'arrestation de dix officiers français inoffensifs. Dès que cette nouvelle se fut répandue dans Mexico, le corps diplomatique, justement indigné d'une pareille atteinte portée à la sécurité de tous les résidents étrangers et au droit des gens, se réunit chez le ministre des États-Unis et rédigea aussitôt une protestation, qui fut remise à M. de la Fuente, ministre des affaires étrangères de Juarez. Ce dernier répondit sèchement qu'il n'avait pas à revenir sur la mesure qu'il avait prise. Et à peine cette réponse avait-elle été donnée, que les Français emprisonnés à l'archevêché furent acheminés, sous bonne escorte, vers San-Juan del Rico. Ils n'y parvinrent qu'avec beaucoup de fatigues, ayant obtenu avec peine la permission de louer à leurs frais une diligence pour le voyage. On conçoit quelle terreur répandirent parmi tous les Européens établis au Mexique des procédés aussi barbares, et quelle indignation le corps diplomatique ressentit de l'affront qui lui était fait si publiquement. On a lieu de croire que le gouvernement de Juarez n'a pas tardé à se repentir de s'être créé de nouveaux embarras par une conduite que désavouent tous les gouvernements civilisés. Il commence à s'apercevoir, mais trop tard, à quel point sa manière d'agir lui aliène les sympathies des honnêtes gens qui l'auraient soutenu, tandis qu'ils ne voient plus de salut possible pour le Mexique que dans une intervention destinée à tirer ce pays de la triste situation dans laquelle il se débat depuis tant d'années.

Le gouvernement de Juarez ne s'abuse pas sur sa véritable position; il voudrait la paix; car en voyant ce déploiement de forces dirigées contre lui, il ne peut se faire illusion au point d'espérer de vaincre la France; et s'il combat, ce sera parce qu'il y sera forcé, et en acte de désespoir. Pour éviter cette alternative, il a assemblé un conseil qui a décidé de faire des propositions à la France. En attendant leur résultat, il empêchait Zaragoza et Doblado d'attaquer Orizaba; il voulait à tout prix se ménager une voie de conciliation. Il a fait renvoyer deux prisonniers français, faits par les guérillas, en leur donnant à chacun une somme de 55 fr. Le général de Lorencez a remercié par écrit le général Zaragoza et a mis tout de suite en liberté deux officiers mexicains. Plusieurs échanges de prisonniers ont été faits, et les Français ont loué la manière dont ils avaient été traités.

Pendant qu'on s'agitait et parlementait à Mexico, à Orizaba les chefs de l'expédition utilisaient le temps de la suspension d'armes pour approvisionner la ville, s'assurer toutes les ressources nécessaires pour le moment de la reprise des hostilités. Des convois arrivaient et des renforts considérables étaient en route. Beaucoup d'Indiens des campagnes environnantes d'Orizaba venaient demander des armes au général mexicain Almonte, afin de réprimer les bandits envoyés, soit pour les piller, soit pour les empêcher d'amener leurs denrées à la ville. Le général Almonte, qui s'est rallié à la cause française, lui prête son concours; il a avec lui plusieurs milliers d'hommes; mais il est impossible de compter beaucoup sur eux. Ils ont tous de grandes prétentions; ils sont ou veulent être généraux, colonels; aucun ne consent à être soldat.

La Vera-Cruz était moins bien favorisée qu'Orizaba. La fièvre jaune y exerçait toujours ses ravages au mois de juillet. Puis des bandes de guérillas inquiétaient la campagne, se montraient sans cesse dans les environs de la ville, sans cependant oser combattre les détachements que le contre-amiral Roze lançait contre eux; ils fuyaient toujours à l'approche des soldats français.

Par suite de dispositions prises par le cabinet des Tuileries, le général de Lorencez fut rappelé à Paris, et le commandement donné au général Forey, qui partit immédiatement. Le 30 août il était à la Martinique avec les navires *l'Yonne, le Turenne, le Chaptale*, et adressait aux troupes sous ses ordres une proclamation dans laquelle il leur disait que le 5 mai ils avaient trop demandé à la victoire; que leur courage héroïque devait échouer devant les obstacles qu'ils avaient rencontrés, mais qu'ils avaient pris une noble revanche à Aculcingo et à Borrego. Il leur annonçait l'arrivée de forces suffisantes pour reprendre les hostilités avec avantage, réclamant d'eux la soumission et la discipline. Il leur recommandait de respecter la propriété, la religion, ses ministres, les vieillards et les femmes; d'être généreux et humains après la victoire. Il terminait en leur disant : « Que votre conduite fasse rougir les Mexicains de prêter l'appui de leurs armes à un gouvernement de violence; qu'elle leur inspire le désir de se rallier à notre drapeau, qui est le symbole du droit et de la justice. Prouvez par vos actes, plus que par de vaines paroles, que ce n'est point à la nation mexicaine que vous venez faire la guerre, mais à ceux qui l'oppriment et la déconsidèrent aux yeux des peuples civilisés, parmi lesquels vous la conviez à se ranger. »

CHAPITRE XIV.

LE GÉNÉRAL FOREY. — DEUXIÈME CAMPAGNE.

Le 1er septembre, étaient réunis dans le port de la Vera-Cruz les vaisseaux de guerre *le Masséna*, *l'Amazone*, *la Sèvre*, *le Forfait*, *le Marceau*, *le Bertholet*, *l'Eylau*, *l'Impérial*, *le Finistère* et *la Moselle*. Tous ces navires étaient arrivés successivement, chargés d'approvisionnements et de troupes venant de France et d'Afrique. Par une précaution pleine de sagesse dans un moment d'épidémie, les soldats ne furent débarqués que pour être envoyés au camp de Tejeria, établi sur la route d'Orizaba, à douze kilomètres de la ville de la Vera-Cruz. Les soldats nouvellement arrivés firent aussitôt, de concert avec les chasseurs d'Afrique, une excursion contre les guérillas qu'ils rencontrèrent dans la plaine d'Alvarado; ils les poursuivirent pendant deux jours dans la direction de Jalapa et leur enlevèrent une grande quantité de têtes de bétail et quelques mules.

Dans le même temps, un événement important avait lieu à Puebla. Le général Zaragoza y mourait de la fièvre typhoïde, le 8 septembre. Le 13, son corps était transporté à Mexico avec les plus grands honneurs. Le général Ortega l'avait remplacé dans le commandement de l'armée de l'Est. Dans les premiers jours de mai, l'amiral Jurien de la Gravière était revenu en France, croyant qu'aucun obstacle n'arrêterait le mouvement des troupes. En y arrivant, il avait appris que les opérations étaient suspendues jusqu'à nouvel ordre. Il tint à honneur de revenir promptement à son poste et ne se laissa devancer que de quelques jours par une armée de vingt mille hommes. A son débarquement, il publia un ordre du jour dans lequel il félicitait la division navale de l'attitude qu'elle avait gardée dans les événements qui s'étaient accomplis, et donnait des éloges à l'amiral Roze, qui avait dirigé les opérations depuis son départ. Il annonçait qu'une nouvelle campagne allait s'ouvrir, mais dans des conditions plus favorables que la première et sous de meilleurs auspices; que dès lors on pouvait espérer qu'elle serait courte, décisive et couronnée de succès.

Le contre-amiral Roze avait, en effet, rempli les fonctions qui lui avaient été confiées d'une manière honorable et distinguée. Il s'était attiré l'estime et l'affection de tous les marins, qui aimaient son administration paternelle. Remplacé dans le commandement de la place par le capitaine de vaisseau Durand, il a quitté Vera-Cruz les premiers jours de septembre, emportant les regrets de tous ceux qui l'ont connu : regrets qui ne pouvaient être adoucis que par la présence de l'amiral Jurien de la Gravière, sur l'esprit conciliant duquel on comptait pour aider le général Forey à conduire les affaires à bonne fin.

La situation de l'armée s'améliorait chaque jour; la fièvre jaune était dans sa période décroissante, et l'état sanitaire d'Orizaba était des plus satisfaisants. Partout on mentionnait un mouvement des populations favorable à l'expédition française. Beaucoup de villes se déclaraient en sa faveur. Juarez était réduit à prendre des mesures désespérées pour s'opposer à ces manifestations de l'opinion publique, et pour provoquer des démonstrations en sens contraire. Mais la violence des moyens employés ne faisait que mieux ressortir leur impuissance. Juarez, justement alarmé des dispositions des Mexicains, venait de rappeler à Mexico Comonfort, l'ancien président, voulant ainsi rapprocher le parti libéral modéré du parti radical, et essayer par ce moyen de faire face à l'orage qui grondait autour d'eux et qui ne pouvait tarder à éclater. M. de la Fuente, nouveau ministre des relations extérieures, lançait un manifeste très-énergique où il exposait la politique du nouveau cabinet. « On résistera, disait-il, on fera traîner les choses en longueur, on se créera des alliés dans les petites républiques voisines. » Le manifeste se terminait par une espèce d'appel à la guerre sainte, à une levée générale pour repousser l'invasion étrangère. Des mesures étaient prises pour défendre la capitale, en cas d'attaque par les Français. On travaillait activement aux fortifications; et un décret imposait à tout citoyen de seize à soixante ans l'obligation de prêter ses services un jour par semaine, ou de payer la journée d'un travailleur qui le remplacerait. Ce manifeste ne put, comme on le pense, changer les dispositions que prenaient les chefs de l'expédition, ni en retarder la marche.

Le général Forey, nouveau commandant en chef du corps expéditionnaire au Mexique, était attendu depuis quelques jours à la Vera-Cruz. Il y arriva le 25 septembre. La réception qu'on lui fit fut magnifique et chaleureuse. Après avoir passé les troupes en revue, il leur rappela le but politique de l'expédition. Ses paroles furent accueillies avec le plus grand enthousiasme. Ayant remarqué que le pavillon mexicain n'était pas arboré sur l'ayuntamiento, il donna l'ordre de le hisser à l'instant, pour prouver à la population mexicaine que ce n'était pas à elle que les troupes françaises venaient faire la guerre. Cet incident produisit une impression visible sur tous les esprits; il n'était d'ailleurs que la confirmation des sentiments exprimés dans la proclamation adressée aux Mexicains avant son débarquement. Il y avait déclaré qu'il ne venait combattre qu'une poignée d'hommes sans conscience qui foulaient aux pieds le droit des gens, gouvernaient par une terreur sanguinaire, et qui, pour se soutenir, n'avaient pas honte de vendre par lambeaux à l'étranger le territoire de leur pays. Il avait assuré la nation que le gouvernement français ne voulait que l'affranchir par ses armes et qu'il la laisserait libre de choisir la forme de gouvernement qui lui conviendrait. Il avait rappelé que partout où flottait le drapeau français, en Amérique comme en

Europe, c'était toujours dans l'intérêt du pays où son action s'exerçait, et pour y représenter la cause des peuples et de la civilisation. Le général Forey s'occupa immédiatement de constituer un ayuntamiento composé d'hommes ayant la confiance du pays et pouvant mériter la sienne par leurs sentiments pour la France et par l'honorabilité de leur passé. Puis il se prépara à partir pour Orizaba. Les pluies ayant cessé, les chemins s'a-mélioraient chaque jour et les communications devenaient faciles.

Les Mexicains ne faisaient aucune tentative d'attaque. La mort de Zaragoza avait jeté parmi eux le trouble et augmenté les divisions. Le général Doblado, séparé de Juarez, était à la tête du parti modéré, qui prenait chaque jour plus d'importance; il avait réuni ses partisans à Tezcuco et avait déclaré dans cette réunion qu'en voyant les actes du général Forey et ses intentions positives de respecter les droits et la volonté de la nation, il jugeait qu'il y avait lieu d'entrer en relations amicales avec lui sur la marche à suivre et les mesures à prendre pour pacifier le pays. Le général Ortega, au contraire, fortifiait Puebla et les Combrès.

Dans un rapport très-détaillé, le général Forey rendit au gouvernement français un compte exact de toutes les opérations qui avaient eu lieu depuis quatre mois. Il le terminait en disant: « Au moment où arrivent les renforts, on a atteint le seul but sérieux offert à la constance et au dévouement du premier corps expéditionnaire du Mexique. Il est parvenu, au milieu de difficultés inouïes, qui ont mis à une grande épreuve l'énergique constance des soldats, à s'assurer sa ligne de communication entre Vera-Cruz et Orizaba. Ce sera l'honneur de cette partie de la campagne de l'armée française au Mexique. » Les troupes, heureuses d'avoir surmonté ces premières difficultés, voyaient avec bonheur approcher le terme de leur inaction et brûlaient du désir de recevoir de nouveau le signal du combat. Le général de Lorencez, ayant accompli la part qu'il devait prendre à cette première campagne, rentra en France. Il emportait les regrets de ses soldats et de toutes les personnes qui avaient pu apprécier ses qualités éminentes.

L'occupation de la Vera-Cruz par les troupes françaises a changé complétement l'aspect de cette ville. Bâtie sur une plage large, elle ne forme qu'une silhouette blanche, surmontée en plusieurs endroits de quelques dômes recouverts en faïence sur lesquels se joue la brillante lumière du soleil. Les rues principales sont à arcades ; quelques clochers blancs ou rayés rouges, sans toiture, rappellent un peu l'aspect des villes orientales. Des palais somptueux, quoique tout lézardés, attestent une ancienne grandeur déchue, que rien ne peut raviver. Mais depuis que le pavillon français flotte sur les murs décrépits du fort de Saint-Jean-d'Ulloa, il semble redonner de la vie à cette cité, dont les habitants ne peuvent se lasser d'admirer le spectacle imposant de cette belle flotte qui stationne dans la rade.

Dans l'intérieur de la ville, c'est un mouvement inconnu depuis longtemps. Indépendamment des troupes qu'on y voit sans cesse circuler, on y remarque une compagnie de soldats nègres, formée dans nos colonies des Antilles. Son uniforme est la petite tenue de l'infanterie de marine, avec le chapeau de paille recouvert d'une coiffe blanche ; à leur ceinturon pend un fourreau de sabre-poignard. Ces noirs se rencontrent partout où nous avons quelque intérêt à sauvegarder. Malheureusement leur courage ne répond pas toujours au service qu'ils ont à faire. Chargés, un jour, d'escorter un convoi de vivres qui se rendait à la Soledad, ils rencontrèrent, à peu de distance de la Vera-Cruz, des guérillas qui entamèrent la conversation par une fusillade à laquelle les nègres répondirent par la fuite. Cette fuite fut un mouvement d'ensemble parfaitement exécuté; elle leur a valu une punition à laquelle ils sont fort sensibles : on leur a retiré leur sabre pour un mois; et de plus, ils ont eu à subir les sarcasmes de leurs camarades qui, n'ayant pas fait partie de cette troupe, n'avaient pas eu l'occasion de fuir; ce qu'ils n'eussent pas manqué de faire, le cas échéant. Le contact des soldats français donnera sans doute plus de courage à ces pauvres nègres, dont le concours est d'une utilité incontestable pour le service de la ville.

Le général Forey, accompagné de son état-major et du général Mirandal, partait de Vera-Cruz pour Orizaba le 13 novembre. Sur la route, des populations indiennes vinrent saluer celui qu'ils croyaient être *le roi Napoléon*. En arrivant, le général publia une nouvelle proclamation dans laquelle il faisait l'exposé de la triste situation du Mexique et des changements à faire; il présentait les moyens d'opérer ces améliorations en s'abritant sous le drapeau français, qui venait défendre la cause des peuples et de la civilisation. Le général s'occupa tout de suite des dispositions nécessaires pour reprendre promptement l'offensive dans de bonnes conditions. Tandis que les préparatifs se faisaient, on poursuivait les guérillas, avec lesquels on voulait en finir. Medellin était leur refuge; on l'attaqua, et, malgré une vigoureuse résistance, on s'en empara. A Omealca, la population, encouragée par la présence des troupes françaises, prit les armes et détruisit une troupe de guérillas qui désolaient le canton. Vingt-deux d'entre eux et leur chef Hérédia furent tués. On put espérer que l'énergique exemple des habitants d'Omealca trouverait des imitateurs et que les populations, lasses d'être rançonnées, purgeraient elles-mêmes le pays des bandits qui l'opprimaient. Les guérillas, ainsi pourchassés, finirent par ne plus oser se montrer, et l'on n'entendit bientôt plus parler que de quelques maraudeurs faciles à disperser. Les routes étaient désormais sûres; toutes les forces militaires se trouvaient concentrées à Orizaba ou dans ses environs, et les approvisionnements de tous genres étaient assurés pour longtemps. Il était temps d'ouvrir la campagne. En effet, elle s'ouvrit au mois de novembre : son début fut un brillant fait d'armes.

La brigade du général Berthier est dirigée sur Jalapa. Parvenue à la petite ville de Puente-Nacional, elle rencontre un corps de cavaliers ennemis qui tentent de s'opposer à son passage. Les chasseurs à cheval les chargent, les poursuivent, à une distance de neuf kilomètres. Une centaine de Mexicains sont tués ou faits prisonniers, le corps de trois à quatre mille hommes dispersé, et les Français entrent dans Jalapa le 7 novembre. Cette ville, capitale du district de ce nom, est bâtie sur la pente d'une colline formée par le mont Macucillepec et entourée de montagnes échelonnées comme les gradins d'un amphithéâtre. Sa belle position et son climat tempéré la rendent un des plus délicieux séjours du Mexique. Un grand nombre de ses rues sont en pente, et cette inégalité de terrain ne laisse pas que de donner à Jalapa un caractère bien pittoresque. A peu de distance de la ville se trouve la belle cascade connue sous le nom de cascade de l'*Hacienda de la Ordona*, dont les eaux se précipitent à travers les joncs et les massifs de fleurs. Là, la nature y est splendide et la végétation luxuriante.

En même temps qu'avait lieu la prise de Jalapa, le vice-amiral Jurien de la Gravière organisait une autre expédition. Le 23 novembre, des troupes débarquaient sur la rade de Tampico, et la ville se rendait sans attendre l'attaque. A l'approche des Français, la garnison mexicaine avait évacué la ville, et la population s'était montrée disposée à bien accueillir nos troupes.

Tampico est situé à quatre cents kilomètres nord de la Vera-Cruz, sur les bords d'un lac qui communique avec le Panuco par une issue navigable pour les gros navires. C'est une petite ville moderne de huit mille habitants; néanmoins son port est le principal port du Mexique. Aussi l'occupation de cette ville avait de grands avantages pour les Français et leur facilitait la marche sur Mexico. A ce premier succès vint se joindre la prise d'Alvarado, petit port voisin de Tampico, et celle de Tlacotalpam, qui ont été occupés sans coup férir.

Ici se multiplient les actions et les succès. Le 18 décembre, une colonne commandée par le colonel Jolivet dispersait près du village de Chapulco un escadron de cavalerie ennemie qui, en fuyant, laissait des morts, des blessés et des prisonniers. La veille, l'infanterie mexicaine, composée des débris de la division d'Oaxaca, dispersée au combat du Borrego, avait abandonné Téhuacan; le colonel put ainsi entrer sans résistance dans la ville. Téhuacan, qui est à dix-huit lieues de Puebla, est située dans cette délicieuse vallée d'Oaxaca dont Charles-Quint fit don aux descendants de Cortez, sous le titre de marquisat del Valle. Pendant que le colonel Jolivet prenait possession de Téhuacan, le général Douay établissait sa division et son quartier général à Palmar, et le général Bazaine entrait à Pérote. Avant d'y arriver, il avait eu un engagement sérieux avec des cavaliers mexicains.

Après la prise de Tampico, on y avait laissé une garnison, qui, dans le principe, y jouit d'une grande tranquillité ; mais bientôt elle eut à repousser des attaques auxquelles elle ne s'attendait pas. Les troupes mexicaines qui avaient évacué Tampico à l'approche des français étaient sans doute allées chercher des renforts; car elles reparurent à l'improviste devant la ville; ce qui donna lieu à un engagement assez vif. L'ennemi, quoique repoussé, persista à inquiéter la garnison, qu'on dut augmenter. A ces attaques extérieures vinrent se joindre des agressions intérieures, des tentatives d'empoisonnement et des assassinats qui obligèrent le colonel commandant la garnison de déclarer : « Qu'il méconnaissait le titre de Mexicains dans des assassins qui par leurs actes n'appartenaient à aucune nation. Que dès lors il ferait justice de tous ceux qui assassineraient ou tenteraient d'assassiner ses soldats. » En effet, le conseil de guerre français prononça plusieurs sentences de mort contre des Mexicains coupables d'attentats sur nos soldats.

Deux divisions, parties de Palmar le 1er janvier 1863, prenaient possession de Texamachalco et de Quicholac. Texamachalco est une petite ville de quatre à cinq mille habitants, admirablement située sur le versant de deux montagnes dominant une vaste plaine de vingt-six lieues. Cette plaine s'étend d'un côté directement de Puebla à Téhuacan, de l'autre jusqu'à la Canâda de Istapan. Elle renferme comme points principaux : Acacingo, premiers avant-postes de l'armée mexicaine, Quicholac, Aguaquicholac, Palmar et Canâda. Le terrain de cette plaine, léger et sablonneux, est pourtant extraordinairement fertile, quoiqu'il ne soit arrosé que par deux ou trois petits ruisseaux. Mais des pluies bienfaisantes qui tombent à deux époques de l'année fertilisent les terres, qui produisent en abondance l'orge, le blé d'Europe, le maïs et les haricots appelés *frigoles*. On n'y trouve néanmoins que deux espèces d'arbres, le *yuca* et le poirier sauvage, appelé au Mexique l'arbre du Pérou; il a de belles grappes rouges. Les habitants cultivent l'*agave maguey*, dont le suc, qui s'amasse dans le tronc de l'arbre, fournit une boisson appelée *pulque*. Elle remplace depuis longtemps, dans l'armée, le vin, que l'on ne voit paraître que dans les hôpitaux. Texamachalco renferme quelques monuments, entre autres le couvent de Saint-François, l'un des plus anciens du Mexique. Une des pierres du mur du clocher représente l'oiseau qui est encore l'emblème des armes du Mexique. L'église de ce couvent a été saccagée par les libéraux; pourtant on y trouve encore des autels ornés de belles colonnes en bois sculpté et doré, qui témoignent de son ancienne splendeur.

A mesure que l'armée avançait, les chefs sentaient la nécessité de concentrer leurs forces. Ce motif détermina le général Forey à abandonner Tampico et Jalapa, l'occupation de ces deux places isolant trop des troupes destinées à un rôle plus actif. A peine les Français eurent-ils quitté ces villes, que le gouvernement de Juarez se vengea cruellement sur les habitants de l'accueil qu'ils avaient fait aux ennemis de la république. Les uns furent pendus, les autres fusillés comme traîtres à la patrie.

La flotte française avait aussi sa part de succès. Après avoir bombardé Acapulco, elle entrait dans cette rade le 10 janvier. La mission de l'amiral Jurien de la Gravière était terminée. Les forces navales au Mexique ne justifiaient plus la présence d'un officier général. D'ailleurs, l'empereur jugeait que depuis deux ans il avait, par ses services, payé largement sa dette au pays; aussi le rappela-t-il en France. L'amiral Basse devait le remplacer.

Les forces concentrées de plus en plus dans la direction de Puebla se trouvaient réunies le 14 mars à Amazoe, à quatorze kilomètres de Puebla. Cette ville ne renferme que deux à trois mille habitants; mais elle a une grande étendue, à cause des nombreux jardins au milieu desquels est chaque maison. Elle est située au pied des mamelons, s'appuyant à la grande et belle montagne de la Malinche, qui emprunte son nom aztèque à celui de la femme indienne qui a tant servi Fernand Cortez dans sa conquête du Mexique. Du haut d'un des mamelons sur lesquels s'appuie la ville, il fut enfin permis à l'armée, après dix mois d'attente et de peine, de voir la vaste vallée de Puebla. Rien ne paraissait changé, depuis le 5 mai 1862, dans cette vallée toujours belle. Le Popocatepelt et sa voisine l'Iztacihualt, couverts de neiges éternelles, se dressent au loin comme deux géants prêts à défendre la route de Mexico; deux colonnes blanches au milieu d'un massif de verdure indiquent Cholula, ville sainte chez les Mexicains, qui l'appelaient *Churutzaeal*. Avant la conquête, elle renfermait autant de temples qu'il y a de jours dans l'année. Cette ville est aussi célèbre par sa grande pyramide tronquée construite en briques, élevée de cinquante-cinq mètres, avec une base de quatre cent cinquante-cinq mètres, et sur le sommet de laquelle on a construit une église à Notre-Dame de los Remedios. Puis se présenta aux regards des troupes Puebla, avec ses grandes tours, ses belles et nombreuses églises ; mais ce fut en vain qu'elles cherchèrent la coupole et les tours de Guadalupe ; là seulement il y avait un grand changement ; car à leur place on ne voyait qu'une ligne blanche uniforme, un fort immense garni de canons. Le Guadalupe était relié par un chemin couvert au fort de Loretto, appelé aujourd'hui par les Mexicains fort du 5 *mai* Un troisième fort, appelé fort des Ingénieurs, se dessinait dans la plaine qu'il était chargé de défendre. Sur tous ces forts flottaient d'immenses drapeaux tricolores qui paraissaient semblables au drapeau français ; mais ils en diffèrent en ce que la couleur verte remplace au Mexique le bleu français. A la vue de tous ces travaux de fortifications, chaque soldat se sentit animé du désir de prouver aux Mexicains que si, le 5 mai, deux mille braves n'avaient pu renouveler un assaut meurtrier faute de munitions et de troupes fraîches, il n'en serait pas de même cette fois.

Les habitants qui avaient cherché un refuge dans le camp français affirmaient qu'il suffirait d'un avantage important obtenu par nos troupes pour que la population se tournât en masse de notre côté. Les extorsions, les mesures de rigueur prises chaque jour par le gouvernement de Juarez mettaient le comble à l'exaspération. Il venait encore d'imposer de fortes contributions, dont les étrangers n'étaient pas plus exempts que les nationaux. Le commerce était complétement anéanti, toute transaction de gré à gré étant interdite. Lorsque Juarez n'eut plus rien à prendre aux habitants, il tourna ses mesures de rigueur contre le clergé et ses spoliations contre l'Église. Quatre-vingt-six églises furent fermées et mises en vente à Puebla. Un autre décret abolit tous les couvents de femmes. Les sœurs de charité seules purent exercer leur ministère, en vivant isolément.

Cet état de choses faisait nécessairement comprendre le bienfait d'une intervention qui mettrait indubitablement un terme à l'anarchie et au despotisme, régénérerait le pays sans lui imposer pourtant un gouvernement quelconque qui ne serait pas de son choix. C'était en effet ce que le général Forey ne cessait d'Affirmer dans toutes ses proclamations et ses ordres du jour.

CHAPITRE XV.

—

LE PÉNITENCIER. — PUEBLA. — MEXICO.

Le 23 février, le général Forey quittait Orizaba et se rendait à Quicholac, où il avait convoqué pour le 28 tous les généraux et les chefs de service, dans le but de régler, de concert avec eux, les détails du mouvement sur Puebla, et de leur donner ses dernières instructions. Pendant ce temps, les troupes réunies devant Puebla avaient, par d'habiles manœuvres, attiré l'attention des forces mexicaines sur les forts Guadalupe et Loretto, pour la détourner de celui de San-Juan, dont les Français s'étaient emparés. Ils y avaient établi leur bivouac et s'y fortifiaient. L'armée mexicaine se trouvait alors resserrée de plus en plus dans la ville, sans pouvoir échapper d'aucun côté, ni espérer aucun secours extérieur. De plus, toutes les communications avec Mexico étaient interrompues par suite de la rupture du fil électrique.

Le 19, un coup de canon parti de San-Juan annonce l'arrivée du général Forey. Le drapeau français est à l'instant hissé sur le fort, où le général en chef établit son quartier général, et le siége commence. Le génie et l'artillerie ne cessaient de travailler; mais l'ennemi, de son côté, était loin de s'endormir. Du sommet de San-Juan, on le voyait se retrancher, se fortifier. Des barrières s'achevaient ou se dressaient de tous côtés; mille barricades encombraient les rues; chaque édifice était devenu une citadelle, chaque mur un rempart. Le canon mexicain commença à gronder; il était dirigé sans interruption sur les travailleurs, sur les reconnaissances et sur les convois qui ne cessaient d'arriver. Au loin, on apercevait de temps en temps dans la plaine quelques cavaliers observant le camp : c'était l'avant-garde de l'armée de Comonfort, forte de six à huit mille hommes, qui se tenait sur la route de Mexico pour protéger la retraite d'Ortega, en cas de défaite. Cette armée observait également les mouvements des assiégeants, mais n'osait changer de place.

Le 22, le général de Mirandal, parti en reconnaissance avec trois escadrons de cavalerie, occupa Cholula. Cholula *la sainte*, ancienne ville aztèque, riche en souvenirs de plusieurs siècles, se déploie au pied des dernières pentes du Popocatepelt, dont la cime neigeuse, qui a plus de cinq mille mètres d'élévation, domine tout le plateau d'Anahuac. Sur le premier plan se dresse une petite montagne élevée par des mains d'hommes, où se célébraient jadis les sacrifices humains. Aujourd'hui, en expiation de ces souvenirs idolâtriques, une riche église, qui a conservé le nom de Téocalli, en couronne le sommet. Vers midi, le 22 mars, la grande place de Cholula, éclairée par les chauds rayons d'un soleil tropical, offrait un curieux coup d'œil. La cavalerie française en bataille était adossée à la cathédrale; les fenêtres et les balcons étaient garnis de femmes élégantes; une masse d'Indiens, au visage débonnaire, encombraient la place et les arcades. La population était grossie de l'émigration des habitants de Puebla qui avaient fui pour échapper aux horreurs du siége. Un grand silence se fit parmi la foule, pour écouter l'appel à la paix et à la concorde que la France adressait de par delà les mers aux Mexicains. Soudain la foule se disperse en tumulte; les portes de la ville se ferment; cinq ou six coups de fusil, tirés par des guérillas, d'une éminence qui domine la place, avaient donné l'alarme. Le général de Mirandal se mit à la tête de la colonne et sortit de la ville pour faire face à l'ennemi.

Quelques instants après, il aperçoit un immense ruban de cavalerie descendant au galop le long d'un bois qui borde la route de Puebla à Mexico. C'étaient deux mille cavaliers de l'armée du général Comonfort, sortie de Coronango, qui voulaient essayer de couper la colonne française. Celle-ci n'avait que quatre cent soixante et dix chevaux à leur opposer. Néanmoins l'attente ne fut pas longue pour les mille spectateurs placés sur les terrasses de la ville. Les escadrons se fraient un passage à coups de sabre, à travers les régiments mexicains, qui, après une mêlée sanglante, sont mis dans une déroute complète, laissant sur le terrain deux cents cadavres, beaucoup de blessés, de prisonniers, d'armes et de chevaux. Le combat de Cholula était glorieux pour nous; néanmoins le retour eut ses tristesses, nous comptions cinq morts et dix-neuf blessés. Le soir, après une marche éclairée par une terrible tempête et la canonnade de Puebla, les troupes rentraient au bivouac, où de graves engagements allaient avoir lieu.

Depuis le 18, Puebla était entièrement investie. Dans la nuit du 23 au 24, on ouvre la tranchée devant le fort de San-Xavier. Ce fort offre à l'ouest un front bastionné, au nord une grande courtine, à l'est une lunette couvrant l'entrée du côté de la ville, et au sud un front bastionné irrégulier. Ces ouvrages forment une enceinte continue, entourent une vaste construction qui comprend un Pénitencier relié au couvent de San-Xavier. L'ensemble de ce solide édifice a environ cent quatre-vingts mètres de long sur quatre-vingts mètres de large. Il renferme trois cours intérieures et divers corps de bâtiments. Les abords étaient couverts de défenses accessoires et flanqués de nombreuses pièces. La défense était donc facile, et la disposition intérieure des batteries permettait de la pousser jusqu'aux dernières limites. Il était indispensable de s'emparer de ce grand obstacle. Les travaux du génie en rapprochèrent, le feu de l'artillerie en ruina les batteries : c'était à l'infanterie de faire le reste.

Le 25 au point du jour, la batterie fut démasquée, le feu fut ouvert; et lorsque la brèche fut rendue praticable, un bataillon du 1er des zouaves fut lancé dans ce quadre et y pénétra. Mais là se présentèrent tout à coup des obstacles imprévus, de forts retranchements, puis en arrière le couvent, dont les terrasses échelonnées formaient avec les clochers de l'église des étages de feux. La tête de la colonne soutint bravement cette terrible fusillade; elle réussit même à trouver un passage par lequel elle se logea dans une maison du quadre; mais le reste du bataillon qui suivait, arrêté par les décombres et les feux convergents qui, de toutes les maisons, étaient dirigés sur cet étroit passage, se trouva séparé de sa tête de colonne, qui resta seule au milieu des retranchements qu'elle avait abordés; elle dut soutenir une lutte sanglante, et attendre plusieurs jours avant d'être secourue et soutenue. Dans cette rude attaque, les pertes des Français ont été de cinq officiers et vingt-sept soldats tués, onze officiers et cent vingt-sept hommes blessés. Quelque regrettable que fût cet échec, l'armée ne s'en montra pas découragée. Dans une guerre de *rues*, telle qu'on était obligé de la faire, il n'y avait rien de surprenant que le succès ne couronnât pas toujours les plus vigoureux efforts. Aussi les troupes restèrent-elles convaincues qu'à force de persévérance, elles parviendraient à surmonter toutes les difficultés.

Le général Forey, plein de confiance dans le courage énergique de ses soldats, jugea que le moment était venu de livrer l'assaut. Le 29 mars il confie la direction de cette importante opération au général Bazaine, qui vient prendre le commandement de la tranchée. A quatre heures de l'après-midi toutes les batteries dirigent le feu le plus vif sur le Pénitencier, de manière à compléter la ruine de ses défenses extérieures. A cinq heures, le feu s'arrête. Le général Bazaine donne le signal; aussitôt la première colonne, sortant des tranchées, s'élance au pas de course sur le saillant de San-Xavier, le couronne rapidement et pénètre dans l'ouverture avec un élan irrésistible. L'ennemi est un instant surpris; mais au bout de quelques minutes une grêle de balles part des murs crénelés des terrasses, des portes, des fenêtres, des clochers. Les Mexicains découvrent en même temps des pièces cachées derrière des barricades; ils y joignent le feu d'une batterie de campagne placée en avant du fort de Carmen, et celui de tous les forts voisins du point d'attaque, mais cette mitraille n'arrête pas l'élan de nos soldats. La deuxième colonne suit de près la première, et bientôt elle pénètre dans le Pénitencier. La garnison, formée d'environ sept cents hommes, essaya de résister. Pour la première fois les Mexicains sentaient la pointe de nos baïonnettes; ils cédèrent à l'impétuosité de cette attaque. Pourchassés sans relâche d'étage en étage, de chambre en chambre, quelques-uns parvinrent à s'échapper; beaucoup succombèrent, le reste fut fait prisonnier. Dans les différentes portions des bâtiments, il y avait de la poudre, des caisses de cartouches et des chaînes de bombes enterrées qui devaient éclater au moyen de ficelles dissimulées par de la paille. Grâce à l'énergie et aux dispositions prises par le capitaine du génie Borillon, il n'en résulta aucun accident.

L'ennemi voulut essayer de reprendre le Pénitencier. Une colonne de deux mille Mexicains s'avança sur la face orientale; mais les chasseurs et les zouaves accueillirent cette colonne par un feu prolongé et si bien nourri, qu'elle rétrograda promptement derrière les barricades de la ville. L'ennemi continua néanmoins à diriger sur le fort une fusillade des plus vives, qui ne s'arrêta qu'à sept heures et demie. Les pertes mexicaines étaient graves; l'intérieur du fort était rempli de cadavres. On a pris dans l'ouvrage trois obusiers, une pièce de campagne, des chariots chargés de projectiles et deux fanions. On a emmené près de deux cents prisonniers, dont dix officiers.

Le siége de Puebla était en même temps conduit avec une prudence et une vigueur capables d'en assurer le succès. Tous les îlots de maisons qui forment la ville de Puebla, et dans lesquels se retranchait l'ennemi, étaient l'objet d'attaques régulières et tombaient successivement en notre pouvoir. Ces succès devenaient chaque jour plus rapides et plus décisifs. En dehors des opérations du siége, différents engagements avaient lieu avec des détachements mexicains qui cherchaient sans cesse à inquiéter la marche des convois. Comonfort, après plusieurs tentatives inutiles, essaya de forcer les lignes pour porter secours et ravitailler la ville assiégée. Mais contraint d'accepter le combat à San-Lorenzo, il fut repoussé, et son armée dispersée. Aussi tout faisait pressentir que bientôt l'énergie et le courage des soldats, ainsi que l'habileté et le dévouement des chefs, seraient couronnés d'un succès complet.

La garnison renfermée dans Puebla commençait à beaucoup souffrir de la faim, et depuis que l'armée de Comonfort avait été mise en déroute, elle avait perdu tout espoir de recevoir des vivres du dehors. De plus, le 16 mai, la tranchée devant le fort de Téotiméhuacan avait été ouverte, et les batteries armées de trente pièces de canon avaient ouvert leur feu contre ce fort et détruit complétement en deux heures son armement;

aussi la situation de la place était des plus critiques. Dans cette extrémité, le général Ortega fit proposer au général Forey une capitulation. Il demandait à sortir de la place avec les honneurs de la guerre, armes, bagages et artillerie de campagne, puis à conserver le droit de se diriger sur Mexico. Ces étranges propositions furent repoussées par le général en chef; il déclara qu'il accordait à Ortega de sortir avec les honneurs de la guerre, mais qu'il exigeait que son armée défilât devant l'armée française, qu'elle déposât les armes et qu'elle se constituât prisonnière de guerre. Il promettait d'ailleurs d'avoir tous les égards en usage chez les peuples civilisés pour une garnison qui a fait courageusement son devoir.

Ces propositions ne furent point acceptées par le général Ortega ; dans la nuit du 16 au 17 il prononça la dissolution de son armée, fit briser les armes, enclouer les canons, sauter les magasins de poudre ; puis il envoya au général Forey un parlementaire pour lui annoncer que la garnison avait fini sa défense et qu'elle se mettait à sa discrétion. Le jour commençait à peine à paraître, que douze mille hommes, la plus grande partie sans armes, sans uniforme, sans équipement, se constituèrent prisonniers dans nos camps, et les officiers, au nombre de mille à douze cents, faisaient dire au général en chef qu'ils étaient réunis au palais du Gouvernement, attendant ses ordres.

Le 19 mai, le général Forey faisait son entrée solennelle dans Puebla ; il descendit à la porte de la cathédrale, fut reçu par le chapitre métropolitain et conduit au chœur, où le *Te Deum* et le *Domine salvum* furent entonnés. Après la cérémonie, les troupes défilèrent sur la place devant le général.

L'ennemi, pour expliquer la reddition de la ville, a allégué qu'il n'y avait plus ni vivres ni munitions. Cela n'était pas exact. La ville offrait encore des ressources importantes et une grande quantité de munitions. Ce ne sont donc pas là les véritables motifs qui ont fait cesser la résistance ; il faut les chercher ailleurs. La défaite et la dispersion de l'armée de Comonfort, en ôtant tout espoir d'être secourue, l'avait démoralisée ; l'attaque de Téotiméhuacan l'avait terrifiée. Jusque-là les troupes mexicaines s'étaient abusées ; elles avaient cru possible de s'échapper de ce côté, parce qu'elles ne soupçonnaient pas les travaux qu'on y avait exécutés. Le feu terrible dirigé le 16 contre ce fort les avait tirées de leur erreur, et elles ne se dissimulèrent plus que l'assaut de Téotiméhuacan serait promptement suivi de la prise de la ville. De plus, le général Forey n'avait pas laissé ignorer au parlementaire que si la garnison attendait l'assaut général, elle serait, selon les lois de la guerre, passée au fil de l'épée. Tels sont les véritables motifs qui ont déterminé la reddition de Puebla. Les Mexicains ont cessé la résistance, non parce qu'ils manquaient de munitions, mais parce que la prise de vive force de la ville était imminente, et qu'ils se reconnaissaient impuissants pour l'empêcher.

Les résultats de la prise de Puebla furent importants. Vingt-six généraux, deux cent vingt-cinq officiers supérieurs, huit cents officiers subalternes, onze mille prisonniers ; cent cinquante pièces de canon en bon état, des armes et des munitions en assez grand nombre, tombés entre nos mains, sont de glorieux trophées. Les officiers prisonniers ont été dirigés sur Vera-Cruz, pour être envoyés en France. Trois mille soldats ont été incorporés dans l'armée alliée ; d'autres ont été occupés à détruire les barricades et les retranchements de Puebla, et d'autres enfin ont été envoyés dans les ateliers du chemin de fer, dont les travaux se poursuivent avec tant d'activité, qu'on espère dans peu de temps aller en wagon de Vera-Cruz à la Soledad.

La nouvelle de la prise de Puebla arriva à Paris le 12 juin. En la recevant, l'empereur s'empressa d'adresser au général Forey ses félicitations pour lui et l'armée. Il reconnaissait toutes les difficultés qu'on avait eues à surmonter, et l'importance du résultat. Il exprimait le désir que le Mexique renaisse à une vie nouvelle, et que, bientôt régénéré par un gouvernement fondé sur les principes d'ordre, il reconnaisse devoir à la France son repos et sa prospérité.

Puebla est une des plus belles villes du Mexique, et la quatrième de toute l'Amérique espagnole ; elle compte soixante-dix mille habitants. Ses rues, larges, régulières, propres et bien pavées, se coupent à angles droits. Ses maisons, qui sont bien construites, ont généralement deux étages ; elles sont spacieuses et groupées de manière à former des îlots séparés ; ce qui avait été très-favorable à la défense. Puebla compte de nombreux et beaux édifices. Les églises sont magnifiques, surtout la cathédrale, qui est immensément riche. L'évêché et les églises possédaient des tableaux de bons maîtres, mais ils ont disparu sous l'administration de Juarez, sans que le pays en ait retiré aucun profit. Depuis un an l'armée mexicaine régnait dans la ville par la terreur. Elle avait emprisonné et dépouillé les gens riches ; elle s'était emparée des maisons, des églises et des couvents, pour s'y fortifier. Elle s'est battue avec courage ; mais elle n'a pas été secondée par la population, qui a toujours été hostile à Juarez. Aucun habitant n'a pris les armes pour combattre, et toutes les femmes étaient en prières pour demander à Dieu la fin de la lutte. Puebla a toujours été renommé pour son climat, sa fertilité, sa richesse et ses manufactures de tissus, dont on fait des écharpes et des châles d'un prix élevé. On y fabrique aussi des faïences et des poteries rouges, dont les formes sont des plus élégantes. Puebla est à trente lieues de Mexico ; il possède des mines très-étendues, et le minerai y est très-abondant, sans être extrêmement riche. Plusieurs ingénieurs français sont partis pour le Mexique, afin d'explorer ces mines. C'est sur celle de Valencienas, au nord-est de Guanaxuato, que devra se porter l'attention de nos savants. Malgré les immenses richesses qu'elle renferme, on a dû l'abandonner depuis plusieurs années, à raison de l'état du pays. Depuis cet abandon, la mine a été envahie par l'eau, et il faut maintenant entreprende un dessèchement pour arriver à quelques résultats avantageux.

La présence des Français à Puebla a permis aux Mexicains de célébrer publiquement le culte catholique, contrarié et persécuté par le gouvernement de Juarez. Le général Forey, après avoir donné à de légitimes réjouissances les premiers moments de son arrivée à Puebla, s'est occupé aussitôt de réorganiser l'administration et les finances de la ville. Il a nommé un ayuntamiento provisoire et convoqué des électeurs pour l'élection d'un ayuntamiento définitif selon les lois du pays. Il a rétabli les douanes, dont le produit considérable était nécessaire à la ville, qui manquait totalement de ressources. Ces mesures ont ramené la confiance ; les magasins se sont rouverts ; les marchandises cachées ont reparu ; les familles émigrées sont rentrées. Les barricades détruites et les dommages réparés avec activité ont changé promptement l'aspect de la ville. La conduite des soldats français et l'exacte discipline qu'ils observent ont fait une vive impression sur la population, accoutumée aux excès de l'armée juariste ; heureuse de retrouver un peu de sécurité, elle en a exprimé sa reconnaissance au général Forey dans un discours qui lui a été adressé par les autorités de Puebla. Elle le supplia de continuer sa glorieuse entreprise, afin de pacifier entièrement le pays.

La route à suivre dès lors était tracée ; il fallait marcher sur Mexico. Les généraux Berthier, Bazaine, Marquez, partent successivement avec leurs divisions, et occupent toutes les villes qui se trouvent sur leur passage. Juarez, effrayé de l'approche de l'armée française, sentant qu'il ne pouvait lui résister et craignant d'être pris, s'enfuit à la hâte avec son ministère et une partie des troupes qui lui restaient, et se dirigea sur San-Luis-de-Potosi. Son dernier acte, avant de partir, avait été d'enjoindre à tous les Français résidant dans le district fédéral de le quitter sous trois jours, après avoir remis toutes leurs armes au gouvernement. Il leur était ordonné de se rendre à Morelia ou à Queretaro, et défendu de séjourner à moins de quarante lieues de la capitale. En quittant Mexico, il avait remis l'autorité à un des siens, M. Agustin del Rio, homme sans talent, incapable de faire face à la gravité des événements. Aussi une garde urbaine, composée de cinq à six cents étrangers, et armée à la hâte, a été tout de suite chargée par les consuls des diverses nations de maintenir l'ordre et de réprimer les excès que pouvait entraîner le choc des partis.

Les consuls d'Espagne, de Prusse, des États-Unis, se hâtèrent de venir à Puebla annoncer au général Forey le départ de Juarez, et le prier de faire occuper promptement Mexico par des troupes françaises. Le général a dès lors poussé avec vigueur tous ses préparatifs de départ. Toutes les troupes, à l'exception d'une garnison destinée à garder Puebla, ont été dirigées sur la route de la capitale. Le 5 juin, le général Forey lui-même partait pour Mexico, où le général Bazaine entrait le même jour.

Dans le même temps, six officiers mexicains, dirigés sur Vera-Cruz, s'évadaient. De ce nombre était Ortega; il avait pu fuire à la faveur d'un déguisement que lui avait procuré un marchand auquel on avait permis de vendre des vivres aux prisonniers. Ortega espérait sans doute gagner Mexico et réparer sa défaite de Puebla; mais le général Forey allait lui apprendre qu'il était trop tard.

L'armée, en quittant Puebla, put s'apercevoir qu'à partir de cette ville le pays change d'aspect; au lieu de magueys et de poivriers, on ne trouve plus que quelques arbres, des prairies et d'immenses plaines où s'étalent de riches moissons. Jusqu'à San-Martino, petite ville qui était le quartier général de Comonfort pendant le siége, on longe continuellement les monts du Popocatepelt et de l'Iztacihualt, laissant au loin, sur la droite, la Malinche, aux pieds de laquelle s'étendent de vastes plaines bien cultivées. On trouve sur cette route Rio-

Prieto, vaste hacienda dont l'intérieur rappelle le style mauresque ; mais cette habitation tombe en ruines ; puis on passe par la belle et grande hacienda de San-Bartolo, laissant à gauche celle de San-Luis, et à droite le pueblo de Comoscolate, situé sur un mamelon et qui doit la fertilité de son sol à un immense et bel aqueduc qui répand partout une eau abondante ; aussi rien de plus riant, de plus agréable et de plus fertile que tout ce territoire. Ce n'est qu'à partir de San-Lucos que l'on commence à gravir les coteaux qui touchent aux contreforts de la grande montagne de l'Iztacihualt. Peu à peu on entre au centre de la montagne, et le pays n'est plus cultivé. C'est dans ces montagnes que se trouvent quelques villages, retraite des bandits nommés *Ploteadores*. A Puente de Teinehescan, on commence à monter fortement jusqu'à Rio-Frio ; la route, très-tortueuse, traverse, au fond d'un profond ravin, une rivière que l'on passe sur un pont large et massif, de construction espagnole ; cette route est dominée par des hauteurs où croissent d'énormes sapins, qui font de ce site l'un des plus sauvages du Mexique et en même temps l'un des plus grandioses ; car il a pour dernier plan la belle montagne de l'Iztacihualt, toujours couverte de neiges.

Rio-Frio, qui tire son nom d'un ruisseau dont l'eau est très-froide, n'est composé que d'une auberge bâtie en pierres, des ruines d'une petite église et d'un amas de baraques en bois. Quelque temps après avoir quitté ce village, on arrive au point culminant des Cordillères, et l'on redescend pendant près de trois lieues, en passant par la Venta de la Paz, ferme ruinée, ainsi que celle de Cordova. Seulement à cette dernière on jouit d'une vue admirable ; une vaste plaine s'étend devant les yeux ; à droite est un mamelon cachant Mexico; à gauche la jolie ville de Chalco, assise sur son lac, et partout enfin des haciendas, des villages cachés dans des masses de verdure. En avançant, on traverse successivement le charmant village de Tlapacoya, adossé à une montagne isolée et placée au milieu de marais formés par le lac Chalco; puis Ayotla, San-Juan, Tlapisihua, l'hacienda de San-Isidro et Los Reyes, et l'on arrive à Santa-Martha, dont la vieille église, placée sur un petit mamelon, ressemble à une forteresse. Santa-Martha est à trois lieues de Mexico. C'est à peu de distance de cette première ville que l'on commence à apercevoir au loin la capitale du Mexique, blanche comme une ville d'Orient et semblant baigner ses pieds dans son lac, peuplé d'oiseaux de toutes sortes et entouré de nombreux villages, à moitié cachés dans des allées d'ormes et de peupliers blancs. Telle est la route qui fut suivie par l'armée française depuis Puebla.

Lorsqu'on connut à Mexico l'approche du général en chef, des députations des principaux habitants, et même de dames, s'empressèrent d'aller le complimenter et l'assurer que sa présence était désirée. Le 10 juin, il fit son entrée dans la capitale et y fut accueilli avec un grand enthousiasme. Toutes les rues que devait parcourir le cortége, depuis la porte Saint-Lazare jusqu'à la place d'armes, étaient garnies de riches tentures, ornées de fleurs et de couronnes. Plusieurs arcs de triomphe s'élevaient de distance en distance ; on y lisait des inscriptions qui exprimaient les vœux des Mexicains ; des drapeaux français étaient mêlés partout aux drapeaux mexicains. Plus de cent mille personnes couvraient les clochers, les terrasses, les voûtes des églises, les balcons, encombraient les rues, les places publiques, pour voir l'entrée et le défilé de l'armée alliée. A dix heures, on entendit un coup de canon qui annonçait l'arrivée du général Forey ; il fut reçu à la porte Saint-Lazare par le préfet et sa suite. Ce magistrat, dans une courte harangue, mit le général en possession de la ville, en qualité d'allié. Le cortége s'avança à travers un grand nombre de rues tellement couvertes de verdure, qu'elles ressemblaient à une forêt de pavillons. Le général Forey, qui, par l'aisance et la vivacité de tous ses mouvements, paraît avoir conservé toute l'ardeur juvénile, était à cheval, ayant à sa droite le général Almonte, et à sa gauche le ministre plénipotentiaire français, M. de Saligny. Ils descendirent tous les trois en face la grande porte de l'église métropolitaine, où ils furent reçus par le chapitre. On les conduisit dans le chœur sous un riche dais, où des siéges leur étaient préparés. Ce grand et magnifique temple était merveilleusement orné ; des milliers de cierges l'illuminaient. Les cloches de toutes les églises, lancées à pleines volées, annonçaient qu'une grande cérémonie avait lieu. Le *Te Deum* a été entonné. Cette hymne de reconnaissance envers le Très-Haut a été répétée avec émotion, et par le peuple qui se sentait délivré de la tyrannie qu'il subit depuis longtemps, et par ceux qui ont brisé ses chaînes.

En sortant de l'église, une pluie de fleurs et de couronnes a salué le général et son armée. Toute la journée a été une suite non interrompue d'acclamations et de manifestations de joie et de reconnaissance. Le soir, il y a eu illuminations brillantes, feu d'artifice, concert, bal ; en un mot, tout ce que les Mexicains ont pu imaginer pour prouver aux Français que leur intervention était comprise et désirée. Une telle réception pouvait faire oublier aux soldats les fatigues qu'ils avaient essuyées, les dangers qu'ils avaient courus. Leur juste orgueil français pouvait être satisfait en se voyant ainsi accueillis dans la plus ancienne et la plus belle ville du nouveau monde, dans les murs de laquelle n'avait pénétré aucune armée européenne depuis la conquête de Cortez. Aussi c'est le cœur profondément ému que, dès le lendemain, le général Forey rendait compte à l'empereur de cette réception sans égale dans l'histoire, et qui a la portée d'un événement politique dont le retentissement sera immense. Il ajoutait qu'il avait reçu au palais du Gouvernement les autorités ; qu'elles l'avaient harangué et assuré que la population était avide d'ordre, de justice et de liberté vraie. Le général avait, disait-il, promis tout cela au nom de l'empereur des Français.

A peu de temps de là, un officier d'ordonnance remettait à l'empereur les drapeaux pris à l'ennemi, puis *les clefs en argent de la ville de Mexico;* elles lui étaient offertes par la municipalité de cette ville. L'officier remettait également à Son Altesse le prince impérial un petit canon rayé de 3 avec son affût et son approvisionnement pour trente coups. Ce canon avait été pris à Puebla, et il était offert à Son Altesse par l'armée du Mexique.

Maintenant transportons-nous par la pensée dans cette ville si éloignée de nous, dont les clefs sont cependant aux Tuileries et où flotte en ce moment le pavillon français. Mexico est situé sur le lieu même où était Tenochtitlan au temps de la conquête. Celui-ci a disparu, mais le Mexico d'aujourd'hui lui est, sans aucun doute, supérieur. Cette dernière ville n'est plus entourée, comme l'était la première, de vastes lagunes ; il n'existe plus qu'une partie du lac primitif, le lac de Chalco, qui communique avec la capitale par un canal; les environs de la ville ont été desséchés au prix de nombreux travaux effectués sous la domination espagnole, et elle est entourée d'une vaste plaine dont les dernières limites se perdent dans le bleu de l'horizon. En arrivant de la Vera-Cruz, le voyageur n'aperçoit qu'une masse de murailles blanches, au-dessus desquelles s'élèvent quelques clochers, les coupoles de quelques églises. Cet aspect et la simplicité de la porte par laquelle on entre ne font pas pressentir la magnificence de cette ville, la plus belle sans contredit du nouveau monde. Dès les premiers pas que l'on fait dans Mexico, on peut se former une idée de sa grandeur. Ses rues se coupent à angles droits ; elles sont larges, tirées au cordeau, et au bout de chacune d'elles on aperçoit les collines qui bornent la vallée. Elles sont constamment encombrées par le mouvement d'une population de deux cent mille âmes. On y remarque une grande quantité d'équipages du plus grand luxe.

Les monuments de Mexico seraient dignes d'orner une grande capitale d'Europe. La cathédrale, vaste, immense même, est de ce style qu'en Espagne on nomme gréco-romain. De tous les monuments de ce style que l'on peut voir dans les pays espagnols, celui-ci est certainement le plus complet, et d'ailleurs les matériaux avec lesquels il est construit en font une œuvre à part. Tous les ornements, colonnes, moulures, statues, sont en marbre blanc ; toutes les murailles sont en lave rouge. L'hôtel de ville est un monument simple, orné d'arcades qui rappellent le Togo-Mayor de Madrid.

Mais c'est surtout dans les palais affectés à quelques autres services publics, dans quelques hôtels, que l'on peut juger quelle a été la splendeur de Mexico. La maison qui a servi de demeure à Iturbide pendant son règne éphémère est un des plus beaux types de ce style, où la grandeur s'allie à l'élégance pour mettre au jour les plus beaux matériaux de la terre.

Pour se faire une idée de la splendeur de cette capitale, il faut, dans une belle matinée, se placer sur un des monuments élevés de Mexico, au moment où le soleil, s'élevant au-dessus de la grande Cordillère, verse sur la ville des torrents de lumière. Le magnifique spectacle qui s'offre alors à la vue de l'observateur laisse en lui de profonds souvenirs.

Les environs de Mexico ne laissent rien à désirer. Le couvent de Guadalupe, construit sur le penchant des montagnes de Tapeyacac, au milieu des bananiers, est un des plus beaux sites ; puis Chapultepec, où se trouve un vieux palais construit par le vice-roi Galvez. Les Mexicains ont fait de ce palais leur école militaire. Toute la campagne située entre Talcuca, Tacubaya, San-Augustin, et bien d'autres villages, ressemble à un immense jardin d'orangers, de pêchers, de pommiers et de cerisiers. On ne doit pas oublier de citer les *Chinampas*, jardins flottants ou îles artificielles formées de terre végétale amassée sur des joncs et des branches d'arbres. Les Indiens font ainsi au milieu de leurs lacs des jardins où croissent des fleurs et toutes les plantes potagères. On peut dire de tout cet ensemble que Mexico serait en Europe une ville de premier ordre. Tout y abonde; et son climat est tempéré, malgré sa position en partie sous le tropique. Elle le doit à son immense élévation au-dessus du niveau de la mer.

Dans les Mexicains d'aujourd'hui on retrouve difficilement le type intellectuel de la nation éclairée et intelligente du XVIe siècle, au moment de la conquête. Mais il ne faut pas oublier que dans le Mexicain actuel nous ne voyons plus qu'une race conquise, aussi différente de ses ancêtres que les Egyptiens modernes le sont de ceux qui construisirent les magnifiques palais dont les ruines existent encore sur les bords du Nil et à Luxor. C'est pourtant, sans doute, le même sang qui circule dans les veines des Mexicains de nos jours ; mais des siècles de tyrannie et un grand nombre d'années d'anarchie ont passé sur eux et ont détruit toute l'énergie qui caractérisait le peuple aztèque.

L'Indien a quelque chose de craintif et de recueilli dans sa nature. Les femmes, d'après les descriptions qu'en ont laissées les Espagnols, étaient belles ; leurs pauvres descendantes ne leur ressemblent guère ; elles n'ont conservé que la teinte sérieuse et mélancolique de leur physionomie. Le costume mexicain est gracieux et parfois très-riche ; aussi l'on peut regretter que beaucoup d'Indiennes aient adopté les modes parisiennes.

CONCLUSION.

—

L'occupation de Mexico, quelque importante qu'elle soit, ne peut avoir les résultats immédiats qu'aurait l'occupation d'une capitale de l'Europe. Être à Vienne, à Madrid, serait être maître de l'Autriche, de l'Espagne. Il n'en est pas de même du Mexique, attendu qu'il renferme une foule d'États confédérés ou indépendants qui ne reconnaissent pas de pouvoir central. Aussi le général Forey s'est-il hâté de donner une forme de gouvernement qui puisse servir de point de ralliement. Une régence a été établie ; à la tête ont été placés le général Salas, le général Almonte et l'archevêque de Mexico. Ces trois personnages, recommandables sous tous les rapports et connus par leur modération, forment le triumvirat chargé du pouvoir exécutif. Miramon, ayant fait acte d'une complète adhésion à l'intervention de la France, a été bien accueilli du général Forey, qui lui a donné le commandement des troupes mexicaines. Le général français, dans une proclamation, a fait connaître aux Mexicains les intentions de l'empereur pour la régénération de leur pays. « Il veut, leur a-t-il dit, que la propriété soit respectée; qu'une bonne loi d'impôts soit établie; que le recrutement s'effectue avec modération et de manière à faire cesser l'odieuse habitude d'arracher les laboureurs indiens à leurs familles; que la religion catholique soit protégée; que les tribunaux soient réorganisés, afin que la justice soit rendue avec intégrité, et que des mesures énergiques soient prises contre le brigandage, qui est la grande plaie du Mexique. » La proclamation se termine par un appel de tous les partis à la conciliation; le général conseille le rétablissement de l'empire comme le plus sûr moyen de faire cesser l'anarchie, et désigne pour occuper le trône l'archiduc Maximilien d'Autriche, prince digne d'être présenté aux suffrages de la nation.

Dans une assemblée de cent trente-cinq membres, les notables du pays ont examiné et discuté la situation actuelle du Mexique. En considérant que depuis quarante ans quinze à vingt changements de gouvernement se sont succédé, l'assemblée a manifesté le désir de demander à la forme monarchique les avantages qu'on avait vainement cherchés jusqu'alors dans la forme républicaine. Alors, d'une voix unanime, tous les membres, excepté deux, ont proclamé, le 10 juillet, l'empire, avec l'archiduc Maximilien pour empereur. En cas de refus de la part de ce prince, les Mexicains réclameront de l'empereur des Français de leur désigner un souverain.

Une députation s'est rendue près de l'archiduc pour lui offrir la couronne du Mexique. Après un certain temps de délibération, le prince a accepté, à la condition que le suffrage universel de la nation ratifiera le choix qu'a fait la junte. C'est de ce suffrage universel que sortira la grande solution qui doit décider du sort du Mexique.

Le prince Ferdinand-Maximilien, archiduc d'Autriche, est frère de l'empereur François-Joseph ; né le 6 juillet 1832, il a épousé, le 27 juillet 1857, la princesse Marie-Charlotte, fille du roi des Belges. Les principes justes et modérés qu'il a professés, lorsqu'il était à Milan, sont une garantie que ce prince sera digne de la couronne qui lui est offerte. Ses éminentes qualités le feront réussir, on l'espère, dans l'entreprise si difficile de réorganiser le Mexique. Il trouvera sans doute quelques adversaires qui s'élèveront contre sa nationalité. La maison d'Autriche est cependant tout naturellement indiquée aux Mexicains ; elle a gouverné l'Espagne avec grandeur, elle a laissé dans la Péninsule des souvenirs de gloire qui la recommandent aujourd'hui aux peuples de la Nouvelle-Espagne. Mais on oublie trop que la maison d'Autriche a donné aux Castillans Charles-Quint, et l'on ne se souvient que de son successeur, dont la politique farouche a laissé des traces de sang. Aussi la situation du nouvel empereur offrirait de grandes difficultés, s'il arrivait à Mexico entouré d'une armée et de fonctionnaires autrichiens, ou soutenu par les armes espagnoles. Mais il y arrivera seul, protégé par le gouvernement français, et tout porte à croire qu'il justifiera les espérances que l'on conçoit de son avénement.

Pendant que cette grande question politique s'agite,

l'armée française continue de poursuivre les Juaristes, dont le nombre diminue sensiblement. Juarez n'a presque plus de troupes autour de lui ; il sait à peine où porter ses pas ; néanmoins il persiste dans sa résistance, mais on peut dire qu'il se défend en désespoir de cause. Les Mexicains, fatigués de ces longues et sanglantes luttes, reconnaissent de plus en plus la nécessité et le bienfait de l'intervention française. Un grand nombre de provinces importantes s'y rallient et abandonnent Juarez. La marche des événements fait espérer qu'avant peu le Mexique sera délivré de l'anarchie dans laquelle il se débat depuis plus de cinquante ans ; qu'il sera pacifié, régénéré, et sera de nouveau constitué en un puissant et vaste empire. Ce beau résultat sera l'œuvre de la France ; elle seule n'a pas hésité à sacrifier son or et le sang de ses sujets pour l'obtenir. Ses efforts, nous n'en doutons pas, seront couronnés d'un plein succès et récompensés par le témoignage que rendront toutes les nations à cette vérité bien connue : que partout où flotte le drapeau français, c'est pour le bien de la civilisation et de l'humanité.

FIN.

TABLE.

FIN DE LA TABLE.

ROUEN. — Imp. MÉGARD et Ce, rue Saint-Hilaire, 136.

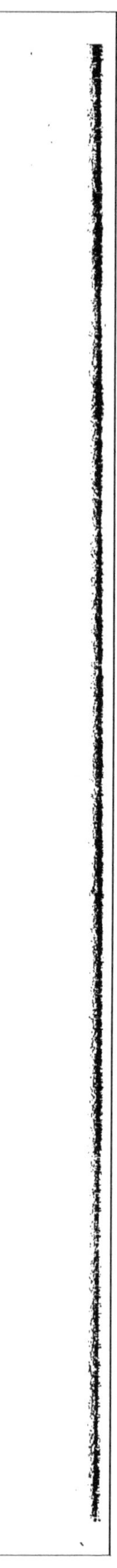

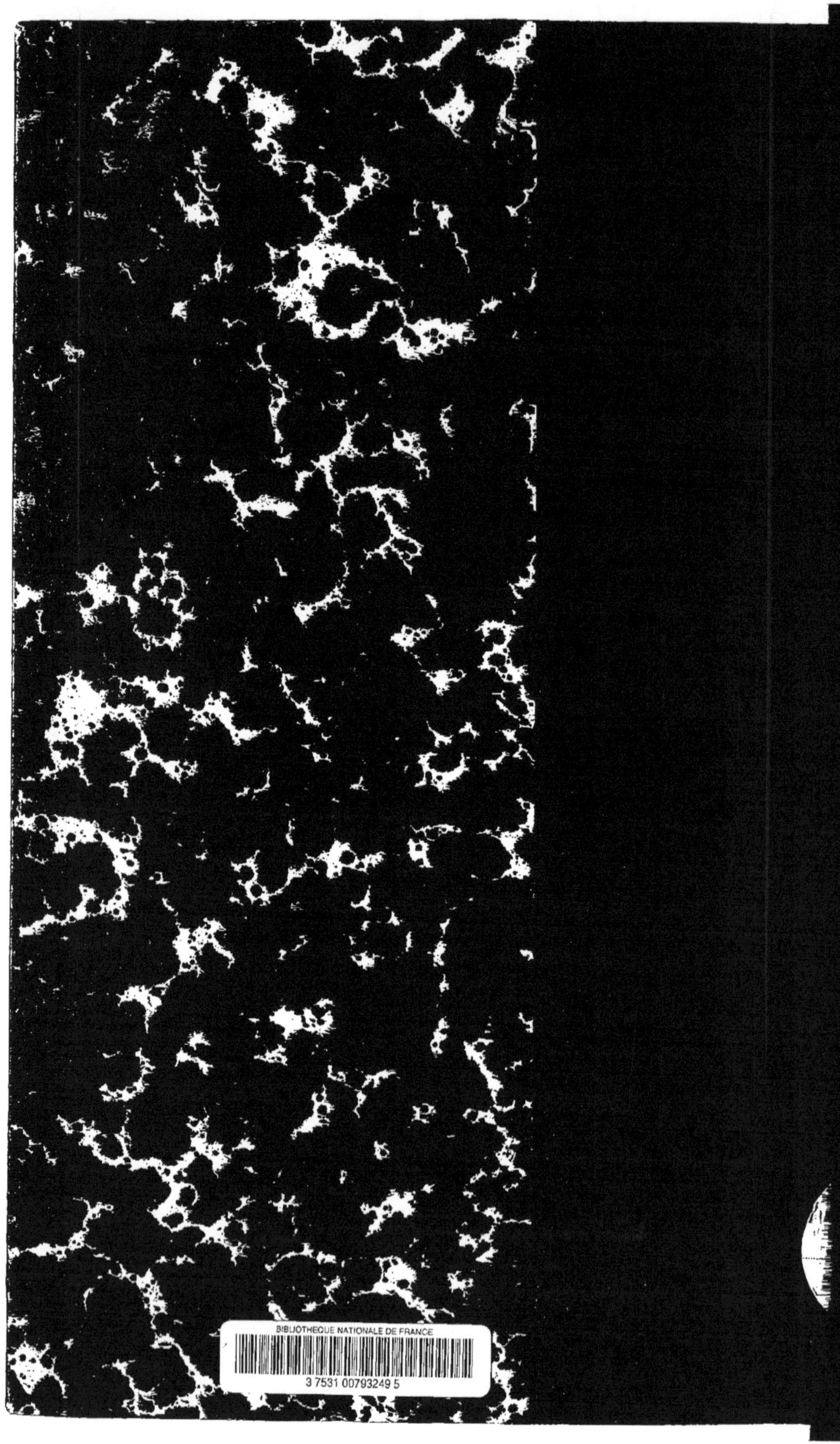

www.ingramcontent.com/pod-product-compliance
Ingram Content Group UK Ltd.
Pitfield, Milton Keynes, MK11 3LW, UK
UKHW012029240726
13965UKWH00002B/656